ORIGIN
OF
MANAGEMENT

管理的原点
让管理回归本质

宋政隆◎编著

中国商业出版社

图书在版编目（CIP）数据

管理的原点：让管理回归本质 / 宋政隆编著 ——
北京：中国商业出版社，2020.7

ISBN 978-7-5208-1187-3

Ⅰ.①管… Ⅱ.①宋… Ⅲ.①企业管理 Ⅳ.
① F272

中国版本图书馆 CIP 数据核字（2020）第 119210 号

责任编辑：侯静 杜辉

中国商业出版社出版发行

010-63180647 www.c-cbook.com

（100053 北京广安门内报国寺 1 号）

新华书店经销

三河市长城印刷有限公司印刷

*

710 毫米 ×1000 毫米 16 开 12.5 印张 195 千字
2020 年 8 月第 1 版 2020 年 8 月第 1 次印刷
定价：48.00 元

****

（如有印装质量问题可更换）

前言

随着社会与时代的进步，以往的管理模式赖以存在的政治、经济和文化条件发生了翻天覆地的变化，其局限性也逐步暴露——越来越难以适应生产力与管理实践的要求。在这样的情势下，人们开始审慎思考人的因素以及相关联的社会问题。从经济人假设、社会人假设、自我实现人假设的变化来看，学者们对于人性的解析已经越来越进步；而且从目前的实践来看，越来越多的领域都已引入人性化元素，比如企业管理。

很多人认为企业管理应讲究理性和科学，但是，一个企业如果完全处于理性与科学的控制下，那么这个企业将如钢铁般冰冷无情。而人作为企业中的重要主体与客体，其"人"的特征决定了他们在绝对理性与科学的环境下难以呈现出最理想、最积极主动的状态，员工抑郁症等负面现象出现在那些过度崇尚科学管理模式、对人性因素缺少尊重的企业中就是明证。

当然，笔者并不否认科学管理的存在，但如果离开人性去探讨企业管理，那么无疑如同无源之水、无本之木。人不应是机器的延伸，研究人并不仅仅是为了提高其工作效能，而是应将管理学与心理学融合，让"提高人的工作能效"的工具理性与"满足人的心理需求"的价值理性有效结合，将人放在一个更为重要的位置上去观察、引导和爱护。

那么，如何实现企业管理的人性化，从探求与尊重人性的角度，去自然引导、信任与爱护员工，激发员工的积极性、主动性和创造性？这是一个值得大家深思的问题。基于此，笔者策划并写作了这本《管理的原点：让管理回归本质》。

　　本书将从人性剖析的基点出发，明确人性化管理的核心，并确定人性化管理的目标。基于此，设定了关于企业人性化管理的八个基本原则，这也构成了本书后八章的基本思想框架。本书第二章到第九章分别从制度、目标、责任、合作、关系、环境、奖惩、创造力八个方面，阐述其中的人性因素以及基于人性考量应构建什么样的管理机制或方法，以实现企业与员工的双赢。

　　在每一章中，笔者将对归纳出的企业管理实践中出现的问题从人性角度出发进行详细分析，以心理学理论研究为切入点进行深入浅出的解读，并尽可能地列举成功案例来辅助大家对人性化管理实践予以更好的理解。

　　可以预见，在当下与未来，以人为本的企业管理势必成为企业经营与发展的主流思想，引领企业管理走向更高的境界。

　　最后，衷心地希望本书能够为广大读者提供一些助益。由于作者水平有限，书中难免会有不足之处，还请提出宝贵意见和建议。

宋政隆

目 录

第一章
探秘管理之原点，洞察人性化管理的要义

一、管理的原点：以人为本 / 2

二、人性的缺点与优点 / 2

三、人性化管理的核心：内方外圆 / 4

四、人性化管理的目标与八个管理原则 / 5

第二章
以制度化为前提，推行人性化管理

一、人性化管理当以制度规范为前提 / 10

二、科学的制度是企业全员自觉遵行的依据 / 14

三、自下而上地设计制度体系，表现尊重之心 / 17

四、科学宣导，情理兼顾，确保随心而不逾矩 / 20

第三章
明确的目标方向，是行为的动力源

一、人进取与否，皆源于个体动机状态 / 28

二、根据 SMART 原则，设计最具可行性的目标 / 32

三、遵循阶段递进原则，有条不紊地实现目标 / 38

四、科学反馈，必要调整，保障目标行为的适应性 / 43

第四章
建构责任体系，有效释放个体责任感

一、聚焦个体责任，实现企业内部"各尽其责" / 50

二、建立责任体系，量才、恰当地委派工作任务 / 53

三、科学授权并适时督导，保障任务如期完成 / 60

四、有效控制工作不良，激发个体的责任与效能感 / 67

第五章
合作为王，打造良性的组织协同战斗状态

一、唯有方向一致，才能形成最大的组织合力 / 74

二、规范合作模式，确保企业内部配合顺畅 / 77

三、提升员工的参与感，逐一化解管理阻力 / 84

四、找准冲突的本质，从根源上维护和谐关系 / 89

第六章
融通企业内部关系，形成高效的经营状态

一、与上级的关系：积极落实交办事宜，择机汇报工作 / 100

二、与下级的关系：尊重信任，集思广益，有效沟通 / 107

三、与平级的关系：互相扶持，密切合作，寻求共同进步 / 112

四、正视不同级的特征，制定高效融通措施 / 117

第七章
环境造就人才，打造积极向上的环境氛围

一、环境造就人才，人才随着氛围而改变 / 130

二、对工作保持兴趣，全身心投入其中 / 134

三、以危机感引导持续发展，激活员工动能 / 139

四、给予最适度的压力，以创造最佳工作效能 / 144

第八章
实施有效奖惩，
选择最恰当的人员激励方式

一、有效奖惩是实现激励效果最大化的绝佳手段 / 148

二、基于个体的差异化需求层次，设计最满意的激励方式 / 155

三、物质与精神、奖励与惩罚的有机结合，提升激励效能 / 159

四、奖惩不随心，当以公平、公正的绩效考核为依据 / 165

第九章
培养员工创造力，打造企业升级的原动力

一、勇于颠覆，敢于创造，企业才能走向未来 / 172

二、建构激发创造力的环境，呈现自主创新行为 / 174

三、一切皆有优化空间，关键在于人的创造性思考 / 178

四、享受"心流"体验，致力于终身创造，推动持续成长 / 181

后 记 / 186

参考资料 / 187

第一章
探秘管理之原点，洞察人性化管理的要义

每个企业的运作都离不开人的推动，企业发展到什么程度在很大程度上取决于作为企业中个体的人最终为企业贡献了多大的能量（如精力、智慧）。而要想做好这一点，就必须让企业管理回归人本，更深入地对人心进行解读、把握与满足，基于人性去探求更科学、更有效的企业管理模式、途径和方法。

一、管理的原点：以人为本

人是企业管理的主体，是企业最重要的资源。企业依靠人来进行生产经营，人的素质决定了企业的素质。没有高素质的人，就不可能存在高水平的企业。而在这个不断变化的新时代，真正获得良好、持续发展的企业必然是那些重视人才的企业。这意味着：任何企业管理最终都必然要归于人的问题，而以人为本则应成为企业管理的要旨。

"以人为本"，是指在企业管理过程中以人为出发点，围绕着激发和调动人的主动性、积极性、创造性展开，以实现人与企业共同发展。在此过程中，要综合考虑人的因素对于企业的作用，以及企业管理对于个人的影响。

二、人性的缺点与优点

人性有很多缺点，比如贪婪、恐惧、自私、懒惰等。但是也有优点，比如博爱、勇敢、奉献、勤劳等。人性的缺点与优点不胜枚举，大体上可以分为四个特征。

1. 利己与利他

利己与利他是人性的典型特征。利己是指为了自己的利益而行动，常被称为"自私"（二者的意义并不等同）；利他是指为了他人的利益而行动，常被称为"无私"。而在实践中，利他并不意味着自我牺牲或违反自己的利益；而利己也并不意味着必然损害他人的利益。理论上，一个人的利己心占62%，利他心占38%。这意味着利己与利他是同时存在的，或者时而利己时而利他。

2. 趋利避害

人性的趋利避害，意味着人们必然选择一种有利于自身存在与发展的行为。如果圆满完成某项任务，可以获得成就感、获得更多奖金、得到更好的发展机会，那么人们便会非常努力地做好这项任务。如果做某件事或某个决定，会损害自己的利益，如经济损失、机会损失，那么人们往往会抵触或主动避免出现这种情况。

3. 环境影响

人处于环境之中，会不同程度地受到环境影响，有时候人们的一些选择或行为是在当下环境里做出的，但是换个环境可能又是另一番行为。而个人作为环境中的一部分，特别是一部分有号召力的、处于特殊地位或角色的人又会反过来对环境造成影响。一般而言，人们受到的影响程度是存在差异的，但是很难完全不受环境影响。

4. 需求与精神追求

根据马斯洛需求层次说，人的需求是多样的（依次为：生理需求、安全需求、归属与爱的需求、尊重需求、自我实现的需求），而且随着个人发展阶段而发生变化。通常，只有人们的较低层次需求得到基本满足，其高层次需求才会出现。

在人的五种需求中，生理需求、安全需求、归属与爱的需求、尊重需求这四种需求，是人类生存所必需的。比如，有的人会因被赞美而热情高涨地工作，因被否定而抑郁得不想做任何事，这是因其尊重需求未得到满足。自我实现需求属于精神追求层面，虽然不属于生存必需，但是对于个体适应社会、推动个体与群体的持续发展与进步而言是非常重要的。

事实上，人性中天然有与企业文化相统一、有利于企业发展的思想，也有不统一的理念。一种好的企业管理，应让人性中与企业文化不统一、对其不利的部分，从理解到接受，从接受到同行，直至共同撑起整个企业。

三、人性化管理的核心：内方外圆

在企业管理中，如果罔顾人性的特征去管理，那么往往会使企业管理过于机械化。而人性化管理是指在企业管理过程中充分注意人性要素，针对人性的优点和缺点，充分开掘人的潜能，以实现企业与个体的正向双赢状态。

1. 企业管理的方与圆

人性化管理的核心在于四个字：内方外圆。

对于一个企业来说，"方"是指制度、规则、文化等，是不宜改变的东西；而"圆"是指因应个体特性和当时发生的不同情况而采取的机变性举措，是可变但不可乱变的东西，圆是圆融通达之意，而非"圆滑"。

关于何时何处选择"方"和"圆"，有很多说法和行为表现。

有的管理者属于"外方内圆"型，即外表看起来刚直不阿，但内心里并无棱角、无原则底线。这样的管理者在处理事务时很容易使企业内部出现严肃、冷漠的氛围，而员工在摸透管理者性情之后又会不断寻求机变之策，故而"圆"处于失效状态，企业也因此陷于无序状态。

而有的管理者则属于"内方外圆"型，即内心里有原则、不可碰触，而行事又能兼顾人情，让人感到"舒适"。这样的管理者既能让员工控制不良行为，认同管理者的要求，同时又能使之感受到人情的温暖，进而让整个企业在一种和谐、规范、有序的状态下运作。

2. 因应人性，变与不变皆有考量

从企业管理的角度来说，企业管理必有规则可循，否则便会杂乱如麻。从个体的角度来说，如果只考虑制度而罔顾人心，则会给人过于冷酷的感觉。

在企业管理过程中，对于根本性的、底线性的制度规则，应是"不变的"。然后，再从实施温暖人心与动能激励的角度，因应人性弱点与缺点，考虑细节处理上的人性化，可以"有所变化"。能不变的部分，尽量不变；不能不变的部分，要考虑如何循则而变、合理变通。而无论变与不变，人性化管理过程中都应遵循一个基本原则：维护员工与企业的利益，同时让人心感到舒适愉悦。

四、人性化管理的目标与八个管理原则

人性化管理的目标在于在处理日常事务时情理兼顾，力求让员工态度主动、有责任担当、合作意识强、关系融洽、氛围积极、动力充足、富于创造。如此，员工在企业中工作时将更愉快，并创造出更高的工作能效，

进而实现员工与企业的双赢。基于此目标，管理者在人性化管理时应坚持八个基本管理原则。

1. 情理兼顾：让制度与人情有机协调

人性化管理是情理兼顾的。但是人性化管理并不等于人情化管理、人治化管理，而是依据制度要求、综合考虑人性之后做出的管理决定。如果完全抛开制度去谈人性化管理，很容易导致企业管理涣散，如同一盘散沙。因此，在情与理二者之间，宜制度在前、人情在后，让二者有机协调。

2. 态度主动：目标明确，清楚个体行为所向

几乎每个企业管理者都希望员工在工作中积极主动。但现实情况常常恰恰相反，一些员工工作懒散，有时即便是被指派了工作也因得过且过的态度而未能圆满完成。之所以出现这种情况，并非人的本质懒惰，有时是因为其缺少一个愿意为之奋斗的目标。在人性化管理中，管理者应考虑帮助员工找到这个明确的目标，使之找到清楚的行为方向，进而主动思考自己应该如何做出更高效的行为。

3. 责任担当：责任分工清晰，激发个体责任感

员工是否具有责任担当，决定了其是否能够为企业目标的实现而竭尽全力。而员工的责任担当不仅是个人品质的外显，还受到企业责任体系设计的影响。在具体实践中，企业应进行明确的责任分工，使每个人都能认识到自己应承担的责任及对应的权力。这样才能保障个体行为表现与企业期望结果趋近或达成一致。

4. 合作意识强：通力合作，实现最大合力效果

在如今这个时代，一个人的单打独斗再也无法撑起整个企业的运作与持续发展，个人英雄主义的时代已经一去不复返。市场分工越来越细致，个人能力要求越来越细微，每个人往往只是负责在某个方面做到极致，而难以实现全方位、全控制。这也意味着：一个企业的成功必然需要所有人的通力合作，甚至与企业外部取得合作，如此才能实现最大的合力效果，

实现企业的利益最大化。

5. 关系融洽：维护融通状态，避免企业内耗

融洽的内部关系，可以使每一位企业成员感受到"家"一般的温暖与舒适。这种感觉让人们的安全感、归属感大大提升，主动配合企业需要，为"家"而努力奋斗，积极贡献自己的能量；而且在各层级的融通状态下，上下游环节或同级交接的速度都会更快，企业运作必然更加高效。

6. 氛围向上：以积极向上的环境打造优秀人才

环境造就人才，影响着员工的工作状态。如果企业整体呈现出一种素养优良、积极向上的环境氛围，那么员工个体也更容易做出积极的行为表现，创造出更高的、更符合企业期望的工作效能。

7. 动力充足：有效奖惩，设计最恰当的奖惩和激励措施

如果员工士气低迷，那么企业就谈不上未来。唯有对企业充满热情与动力的员工，才会突破万难，砥砺前行，推动企业持续向前发展。而员工的热情与动力并非凭空而来，而需要企业采取恰当的、有效的激励措施来引燃。每个人的需求不同、表现不同，如何奖惩才能让每个人都信服、能为之触动，这是一门学问，也是一门艺术。

8. 富于创造：培养创造力思维，形成创造习惯

企业的创造力决定了其发展速度与发展水平，而决定企业创造力的则是员工的创造力水平。换言之，员工的创造力是企业持续发展的原动力。但是，员工的创造力并非与生俱来，如果其创造力欠佳，企业需要通过打造创新创造的环境氛围，有计划地培养员工，使之具备创造力思维，并形成创造的习惯。这样员工的自主行为状态就会自然地推动企业的健康发展。

第二章
以制度化为前提，推行人性化管理

　　人性化管理是一种强调在企业管理过程中关注人性要素的管理模式。有效的人性化管理将最大化地发掘个体的潜能；但是这种人性化管理必须以制度化为前提，在管理中体现人情味；抛开制度化的人性化管理，很容易演变为人情化、人治化管理，导致企业管理随意性过强，日常运营混乱。换言之，企业必须建立科学的制度体系，在此前提下，考虑如何关照员工内心，实现真正的人性化管理。

一、人性化管理当以制度规范为前提

很多企业极为推崇人性化管理，但是有时候这种人性化管理变了味道，成了人情化管理、人治化管理。后二者与人性化管理是截然不同的。

1. 人性化管理不等于人情化管理

在制度落实过程中，很多企业管理者碍于情面，常常重赏轻罚。这种做法虽然在很大程度上维护了部分员工的个人利益，但是却往往使员工质疑制度的公平性、合理性，以及个人付出的努力与回报是否成正比等。而一旦员工认为自己的付出未得到理想的或预期的回报，那么管理者就很难再看到员工竭尽全力完成工作的景象了。

某食品生产公司在端午节前生产了大批粽子，但是端午节将至，粽子的销售情况却并不太好。为了将库存的粽子全部售出，总经理不但向一线销售人员施加压力，增加了销售任务，还要求其他员工在完成本职工作任务的基础上承担部分销售任务。为了落实这一任务目标，总经理还特别制定了一系列奖惩措施——对于超额完成任务的员工，将发放丰厚的奖励；对于不能完成任务的员工，则给予惩罚。

端午节期间，经过员工们的努力，库存粽子终于被销售一空。从销售结果来看，除了一部分有能力或客户关系较好的员工超额完成任务之外，大多数员工都付出了很多努力才勉强完成任务，一小部分员工由于各种原因而未能完成任务，还有少数员工甚至完全没有做出销售行动。

此次销售工作宣告结束之后，总经理决定对超额完成销售任务的员工给予奖励；考虑到那些没有完成任务的员工并不占多数，其行为结果也没有影响到整体任务的完成进度，所以决定不对这批员工执行惩罚措施。

这个顾及人情的决定看似非常人性化，却极大地打击了员工的工作积极性，不满情绪在员工中迅速蔓延开来。大部分勉强完成销售任务的员工并不具备销售人员的销售能力，他们因身处公司的高压策略下，不得不付出很多努力最终才勉强完成任务；但是他们得到的待遇却与那些偷奸耍滑者的待遇相差无几。由此，制度本应发挥的约束作用开始失去效用。

还有一些企业以人情关系代替了明文规定的权利义务。例如，某些管理者让员工加班，在无法支付加班费的情况下，往往以"团队要亲如一家""给我个面子"等为"人情借口"，结果，员工不得不"心甘情愿"地无偿加班。

人性化不等于人情化，人情不能代替制度。人情化地落实制度规则，往往会失去公平公正性，最终使得人心涣散、企业管理混乱；人情化也不能代替员工的权利和义务，以免员工心里积累过多的负面情绪，对企业管理造成很大的负面影响。

2. 人性化管理不等于人治化管理

人治模式强调发挥个体能动性，这种模式可以提高企业运作的灵活性和效率，因而有时成为一种备受推崇的模式。比如，在突发某些事件时，人治模式可以充分利用个人的威信，减少诸多协调联动举措，从而快速做出决策，快速处理问题……这种快速应变所带来的效应，使得人治模式看起来有着让人难以抗拒的诱惑力。

但事实上，无论怎样，一个企业都应当规避人治主义，否则很可能制造出一团乱象。从下面这个例子即可窥见玄机。

A企业的规模逐渐扩大，需要提拔一些管理人员。公司总经理依据自己成功的经验，一直认为胆子大、敢于冒险的人员才是自己需要的人才，而那些有学识、按照标准和规则办事的员工绝对不是重用对象。

因此，总经理先后提拔的副总经理和中层管理人员全部是胆子比较大的人。这些人刚刚任职时还比较谨慎，纷纷走出公司寻求发展机会。但是，企业之外的世界存在着残酷而激烈的竞争，想为企业获得超额收益绝非容易的事情。待这些人员逐步熟悉了企业运行的流程，认识到自己所做事务的难度之后，他们中的一部分人开始对企业的客户打主意，并不择手段地实施内部竞争。

按照总经理的评价，这些人都是头脑足够聪明、业务能力超强的，每个人都能提出不少奇思妙想。但是，当他们发现有更多捷径可走之时，几乎所有人都将自己的努力转向了企业内部，他们竭尽所能地抢夺客户、抢夺资源、抢夺优惠条件。为了让自己在竞争中"获胜"，一些人还通过各种不正当的手段去拉关系、搞贿赂，甚至直接拆同事的台。

一般意义上说，人治只能在人（管理者）能力所及的范围内发挥作用；而人治之所以能够发挥效应，其完全依赖的是人，但人本身又是不稳定的。比如说，很多管理者是精力充沛的，但个人的精力总归是有限的；很多管理者可以做到思考缜密，但他们无法保证永远不出一个小失误。这就决定了一个必然结果：以人治为基础的企业管理会因管理者发生变化而产生波动现象，由此破坏整个企业管理的一致性和延续性。

从现实情况来看，几乎所有实施人治的企业最终都呈现出混乱或动荡的管理状态，这也是人（作为治理者的人）本身的局限性造成的。管理学大师德鲁克说："没有制度，就没有管理，就没有规范。"更进一步说，"如果没有规范，也就没有秩序可言"。所以，在实施人治模式的企业环境中，混乱或动荡是一种必然的局面。

3. 以制度规范打造团队公约，规范基本行为

一位任职于500强企业的员工曾抱怨说：他的公司在员工着装方面有着明确的规定，这些规定要求极为细致。比如，男员工的西装后开叉必须剪开；袖口的商标必须剪掉；不允许使用褪色的领带夹等。女员工在西装

内可以配搭毛衣或毛背心，但不能是高领衫；长筒袜的颜色不能太鲜艳，不能有花边或花纹；不能穿拖鞋或露脚趾的凉鞋等。

员工的抱怨来自个体最初因要求较多而感受到的"麻烦"，但是试想：如果没有这些要求，公司会变成什么样？员工的着装是否会变成每日时装秀？客户对企业的印象又会如何呢？事实上，这家公司恰恰是让客户从员工着装上看到了自身的严谨规范，继而赢得了很多业务。这就是制度化管理的力量。

在管理心理学中有一个"团队公约"的概念，这个概念最初源于一次心理学实验。实验的对象是刚刚生产的产妇。实验者要求医生在产妇离开医院时，嘱咐她们给孩子喂鱼肝油和橘子汁，实验的目的是通过采用不同的告知方法来看会产生什么样的不同结果。一种方法是，让医生告诉产妇"每天给孩子喂鱼肝油和橘子汁会保证婴儿的健康"；另一种方法是，医院明文规定"根据科学研究的结论，为了孩子的健康，回家后必须给婴儿喂鱼肝油和橘子汁"。一个月之后，实验者对这些产妇进行逐一访问后发现：采用第二种方法比采用第一种方法的效果要好很多。人们从这个实验中看到了"规定对个体行为所发挥的巨大作用"，并将其引入管理学领域，通过制定制度规范来改变企业成员的行为态度。

因此，我们应在企业中将需要员工遵守的行为全部明确写入制度，并让员工认识到："纪律不再只是一种约束，而是保证集体利益和个人价值得以实现的必要条件。"这样，可以在很大程度上约束和规范员工的行为，逐步让员工由被动接受转变为主动遵守，继而更好地完成企业交托的工作任务。

二、科学的制度是企业全员自觉遵行的依据

制度本身应是规范的、无漏洞的,如此才能成为人们严格遵行的依据。同时,制度应该是被全员认可的,这是人们产生自觉行为的必要条件。

1. 制度的无力状态易导致个体自利违规行为

人是经济性的、自利的——这是人们在各类经济活动中必须正视的一个基本假设。根据亚当·斯密的《国富论》所阐述的观点:人是自利的,所以,企业需要建立一套合理的机制,去推动人的自利与社会发展之间协同共进,遏制个人因私利而做出损害社会群体的利益的事情。

企业管理同样如此。管理一个企业,必须承认人是自利的个体,每一位企业成员都会为了自身的利益而努力——包括金钱、荣誉、权力、安逸、自尊等。这种对利的追逐未必不是好事,事实上恰恰是人们对利的需求促使个体去努力奋斗。但是,企业管理者必须认识到,企业必须建立一套配套的利益驱动与控制机制,将个体的逐利行为限定在一个积极的范围内,保证企业需求与个体需求的制衡效果。这样一套利益驱动与控制机制通常是通过科学合理的制度来呈现的。如果没有科学合理的制度,过度的逐利行为便很容易演变为不符合企业发展的投机行为。

有一家生产汽车配件的企业,在一年前招聘了一位工程师,招聘之初的目的是解决三个技术难题。年底绩效考核时,这位工程师取得了93分(满分100分),位列同岗位人员之首。基于这一考核成绩,公司总经理考

虑晋升其为技术部主任。

然而，人力资源部在对该工程师的绩效考评结果进行分析后发现：有一个本该在本年完成的项目，该工程师并未着手操作。在工作中，若临时额外追加工作，他就流露出极不愿意接手的态度；他从不关心其他事情，对自己的技术保密，很少帮助手下的技术员；他还以各种借口拒不参加公司举办的各种集体活动。后来，人力资源部找这位工程师谈话，了解原因。工程师一语道破天机："公司是根据考核得分进行奖励的，我自然会尽量选择那些容易得分的工作。""我自己的工作多得做不完，哪里还有精力去关照别人的工作呢？"

在这个企业中，制度是有的，但是制度设计常常存在一些漏洞，于是员工便抓住了这些漏洞，为自己谋求短期利益。试想：如果一个企业没有建立制度，那么员工的行为又会表现得多么"随心所欲"？下面这一事例也说明了这个问题。

W公司是一家生产竹质纸张的集团公司，鉴于云南某地有着丰富的竹子资源，W公司在该地开设了造纸厂。该公司每年在当地的各企业收购几十吨至上百万吨竹子，但原料时常供应不足。这种情况并非源于竹子产量不足，而是因为资源外流——一些资源被当地造纸厂收购，或被用作脚手架、编竹篮甚至当柴烧。而对于该公司来说，当竹原料数量不足时，造纸厂只能停工。

为了解决原材料供应的问题，W公司针对原料采购工作制定了一套绩效考核标准，根据采购人员的采购量给予奖励，采购的竹子数量越多获得的奖励额就越高。这些采购人员到达该地后，为了完成绩效指标、拿到高额奖金，大肆收购被当地村民用作燃料的竹子，甚至拿出自己奖金中的一部分用于农民误工的补贴。这样一来，这些采购人员几乎每个月都能超额完成采购任务，拿到极为丰厚的奖金。但是这些采购人员只鼓励村民砍竹子，却没有鼓励他们种竹子，所以没过两年，当地的竹子都被砍光了，建在该地的造纸厂最终因原材料断绝而不得不宣告倒闭。

W公司之所以在短短的两年内就倒闭了,其根本原因仍然在于缺少一套科学合理的管理制度——只关注眼前行为效果,忽视长远发展。如果采购员要求农民砍一棵竹子后立即补种一棵竹子,结果又会怎么样?很显然,企业会因为原材料供应充足而平稳发展。然而,该公司恰恰是因为缺少这项制度内容来约束采购员的行为,才使得公司在短短两年的时间里就失去了自身发展的根基。

2. 科学合理的管理制度助力形成最强约束力

企业是由各种各样的人组成的,每个人必然存在共同的利益与矛盾。处理这些矛盾的最有效方法就是制定群体成员都认可并共同遵守的"游戏规则"——制度。良好的管理制度能产生一种有效的约束力,保障员工的行为始终处于规范有序的状态。在设计制度时,要坚持一定的原则,根据需要设计制度种类,确定具有高可行性的制度内容。

(1)明确制度制定的原则

无论企业规模大小,都应建立合理的管理制度,将一些流程和不成文的规定固化,使企业管理的各个方面制度化。这样,员工在工作中遇到问题时就可以有章可循,减少矛盾和冲突;即使出现矛盾,也可以快速找到解决的办法。

制定一项合理的管理制度,需要基于团队的现状和发展方向,不能好高骛远;建立在法律和社会道德的基础上,力求系统配套、可操作性强、合乎情理。而从制度细节描述来讲,一项好的管理制度还要确保描述精准,避免因出现误读而导致落实过程中存在偏差。

(2)明确制度种类和内容

制度是企业为有效实现目标,规范、制约与协调组织活动及成员行为而制定的各类规则或运作模式。依照所涉及的层次和约束内容的不同,可将制度分为五大类,如表2-1所示。

表2-1 企业制度的常见种类与内容

种类	内容
基本制度	基本制度是企业的"根本大法",主要包括企业章程、股东大会、董事会、监事会、高层管理组织等方面的制度和规范
管理制度	管理制度主要针对集体而非个人,是对企业管理各基本方面规定活动框架,调节集体协作行为,比基本制度层次略低。比如,企业中的各职能部门或各组成部门及各类层级权责结构之间的配合、服从、监督等,以及保守企业秘密等要求
技术规范	技术规范对业务活动起到约束功能,主要涉及技术标准、技术规程的规定。比如,技术指数、操作流程等
业务规范	业务规范是针对企业业务活动过程中大量存在、反复出现,已经探索出科学处理方法的指定业务与作业处理规定。比如,工作任务分工、岗位职责要求、异常处理规范等
个人行为规范	个人行为规范是对各类个人行为起到约束作用的制度规范的统称,它层次最低、约束范围最广、最具基础性。比如,岗位用语、着装、礼仪形象等要求

企业应依据自身的规模和运营内容来设计相应的制度。需要注意的是,制度的制定必须是合法的、严肃的、具有执行力度的,这是人们愿意接受这些制度内容的前提。

三、自下而上地设计制度体系,表现尊重之心

对待企业管理的问题,企业与员工常常各有立场,站在不同的角度看问题,双方尖锐交锋——企业可能嫌员工做出过多要求,员工又认为企业的做法不够人性化、不近人情。在这样的状态下,员工对待企业制度的抱

怨反对之声永远大于支持的声音。即使自己最终被迫执行制度，也或多或少地存在抵触情绪。而当这种抵触情绪升级的时候，就会引起罢工等比较极端的行为。这时候，如果企业希望解决问题，往往需要向员工做出一些妥协之举，了解员工的要求，而后有针对性地调整制度体系。如果从这个结果角度逆向思考，企业不妨在最初就自下而上地设计制度体系，让员工参与到制度体系设计过程中，岂不是避免了中间发生的种种纷扰？

1. 认识员工参与制度设计的重要性

说到这里，大家可能要问：为什么让员工参与制度设计，员工就会积极遵行制度要求了呢？

1980年，福特汽车在日本汽车的冲击下出现了第一次亏损，至1982年底，竟然在短短三年里亏损了高达33亿美元。在这样的情况下，福特公司内部员工的不满情绪飙升，甚至举行了多次罢工活动……福特公司陷入严重的危机。后来，福特公司公布了一项新决定——全员参与决策与管理，即鼓励全体员工都积极参与到公司事务的日常管理中。全员参与这项制度的内容涉及：将所有能下放的权限全部下放，管理者对员工抱持信任并持续征求员工的建议和意见；公司向员工公开账目开支，每位员工都可以针对账目中存在的各类问题向管理者提出质疑，并及时得到合理清楚的说明。这项制度实行之后不久，公司管理者与员工的对立关系便得到了极大的改观，员工们的工作热情日益高涨，工作效率大大提升，福特公司由此获得经营上的转机。

通过员工参与企业决策与经营的举措，福特公司员工的不满情绪消散了，罢工行为停止了，甚至亏损的局面也被扭转了。那么，到底是什么原因导致员工心态和行为得到这样的转变？其实很简单——企业的这个决定体现出企业对员工的尊重之心，而员工从参与企业决策与经营的过程中感受到"自己是企业的一员"。这种个人价值被认同的体验，使员工的责任意识大大增强，员工的积极能动性大大提升。这个道理也可以投射到企业制度体系设计的过程中。

2. 让不同的人员恰当参与制度制定过程

前文介绍过，企业运作大体需要五种制度规范，即基本制度、管理制度、技术规范、业务规范和个人行为规范。对于这五种不同的制度规范，可以由不同的人来参与制定或提供建议，以此来保证制度的合理性和可行性。

一般不同制度规范的制定主体可以参照表2-2来选择。

表2-2　不同制度规范的制定主体

种类	制定主体	基层参与
基本制度	企业所有者、主要经营管理人员负责制定	员工代表参与讨论与反馈
管理制度	制度涉及的部门、管理者和有关组织成员负责制定	员工代表参与讨论与反馈
技术规范	技术专家为主，会同管理者和技术执行人员负责制定	技术执行人员参与讨论与反馈
业务规范	直线操作人员和管理人员负责制定	直线操作人员参与讨论与反馈
个人行为规范	高层管理人员负责制定	全员参与讨论与反馈

3. 设置员工参与的环节，吸纳合理建议

一般制度的制定是自上而下的，其流程大体为：企业高层制定，制度颁布后中基层据之执行。而自下而上地设计制度体系，是指吸纳中基层的建议或想法，将其纳入制度体系的考量范围之内。也就是说，在设计制度体系时，特别注重员工参与的环节，尊重员工的意见和建议。比如，征求员工的意见，并以大多数人都能接受和认同作为前提，来设计制度内容与要求。

从程序角度来说，制定制度时，通常可以按照提出、讨论和审查、试行、正式执行的顺序展开。制度提出后，要经过管理者和员工的共同讨论和逐条审查。若各方皆无异议，则可以将这项管理制度在实际工作中开展试行。如果在试行的过程中发现问题，要及时纠正，然后再正式颁布推行。

企业管理者应严格按照这样的程序去制定和推广企业制度体系，如此才能确保员工关于制度内容的好的意见或建议都得到有效的吸纳和科学的运用；同时，亦可确保制度的全面性、完整性，具备可操作性和可行性。

四、科学宣导，情理兼顾，确保随心而不逾矩

制度设计完成之后，还要有一个必需的环节——制度的科学宣导。有效的制度宣导，可以让企业全员得到自己所需要的详细信息，以便做出规范的行为和明智的决定。可以说，这是员工"随心所欲"的前提，也是实现企业规范管理的重要一步。

1. 明确宣导内容，让员工"知其然"

制度宣导的总任务就是针对"为什么""做什么""怎么做"等所有与制度相关的内容进行说明，让人们正确理解和执行制度。制度宣导的内容需要包括以下几个方面的内容。

一是说明制度设计的原因。宣导的任务之一，就是让人们理解"什么是制度"。加强制度宣导的工作主要在于保证企业全员对制度有充分的了解，使管理人员彻底转变过去落后的管理观念。

二是说明制度设定的内容。向企业全员介绍制度制定的目的、基本原

则、各部门与人员的权力与责任、基本内容要求、工作流程与细节。

三是说明各种管理工具，如相关表单的填写与使用方法。

四是说明制度落实过程中的关联考核及奖惩办法，比如：针对制度落实中可能遇到的各种情况，采取哪些评价方法、评价标准，以及奖惩依据和方式等规定。

2. 制度宣导与预热型讨论，强化制度认知

制度宣导的核心任务是解除人们对制度条款的疑惑。比如，一些员工习惯了在默认公约或原来规章制度的约束下工作，企业推出制度的举措会让员工感到疑惑，故而私下里议论企业推行这一制度的用意。如此，各种"坏消息"就会在企业内部四处蔓延，员工也会在潜意识里抵制制度的推行。因此，在制度正式颁布之前要预热，围绕制度的内容细节等组织会议、展开讨论。通常可以从以下几个方面出发，组织预热型讨论。

（1）陈述制度设计的目的和宗旨

陈述目的主要是指说明企业推广该项制度的终极目的和核心宗旨。在进行陈述时要注意一点：如果只是单一地对制度内容进行解说，通常在全员中难以取得共鸣。因此，可以在陈述过程中列举一些成功企业在此方面的实践案例，并描述制度实施的美好愿景，以激发员工的兴趣和对制度的认同。

（2）讲解制度带来的好处

在正式展开讨论前，要先行印发或讲解制度的内容，让员工对其形成初步的了解。然后，由管理者邀请员工提出疑问，再针对员工提出的问题做出细致、准确的解释。这样便可以做到"对症下药"，即有针对性地回答员工的疑问，这样做的效果要远远好于管理者自己讲解制度的效果；同时，也可以避免在员工头脑中形成"企业强硬推行制度"的印象。

（3）准确解释制度中的条款，避免误解

这个过程应与前面一个环节同时操作，主要解释制度条款中涉及的重

要定义、术语、执行细节以及与员工利益相关的部分，做到及时释疑，消除员工的误解。如果是对制度版本的更新，则应让员工充分了解新旧制度之间的区别点，并阐明制度修改前后的优劣。在进行解释说明时，要将立足点倾向于员工，让员工了解到新制度的颁布将为自己带来哪些好处，使之更乐于接受新制度。

（4）形成决议

在对制度进行讨论、修改、完善、补充的过程中，最好在一次公开讨论中获得一致意见，避免对制度的公开讨论次数过多，否则很容易导致制度流产。

在制度讨论时，管理者要充分尊重员工的意见，记录下有建设性的意见。但是，有时候员工们可能对制度细节存在很大的争议。这时，管理者应在开会前申明，从前至后逐条讨论制度，对达成一致的条款，不再审议；对有异议的条款暂时跳过，继续讨论下一条款。这样一来，就可以对每项条款都进行自由讨论，以避免陷入无休止的争论。最后，再针对有异议的条款进行讨论，协商出有效的、一致认可的解决办法。通常，在第二轮会议讨论中即可完全通过制度推广的决议了。

形成决议后，企业即可制作正式的制度版本，标明编号、颁布日期及生效日期，呈相关领导审批后开始在企业内正式推行。

3. 以绝不妥协的态度，确保制度严格落地

在执行企业制度时，应严格按照制度中的条款执行。任何个体或群体的违规行为，都应依照制度要求及时处理，切忌优柔妥协。

（1）杜绝个体违规，无论他有多优秀

卡耐基有句名言："对于一个上班迟到的人来说，你如果不惩处他，那么工厂里其他所有人也就都有了迟到的理由。"意思是说，为了确保企业制度执行下去，必须对每个个体都保持一致的态度，不因个体的特殊性而选择特殊化、人情化处理。

第二章 以制度化为前提，推行人性化管理

有一家公司以极少辞退员工著称。一天，公司的资深车工张涛为了快速完成零件加工任务，在切割台上工作了一会儿之后，便把切割刀前的防护挡板卸了下来，放在一旁（在没有防护挡板的状态下，收取加工零件的速度更为快捷）。一个多小时后，张涛的举动被无意间走进车间巡视的部门主管看到。部门主管大发雷霆，不仅盯着张涛立即重新装好防护挡板，还站在那里大声训斥了半天，并声称要作废张涛一整天的工作量。事到此时，张涛原本以为一切都结束了，没想到，第二天一早便被通知去见总经理。在那间张涛受过多次鼓励和表彰的总经理室里，张涛听到了要将他辞退的处罚通知。总经理说："身为老员工，你应该比任何人都明白安全对于公司意味着什么。你今天少完成几个零件，少实现点利润，公司可以换个人、换个时间把它们都补起来；但是如果你发生了事故，失去了健康甚至生命，那是公司永远都无法补偿得起的……"最后，张涛流着泪离开了自己工作了多年的公司，心中满怀不舍，但是他知道，他这次碰到的是触及公司灵魂的规则。

企业管理者作为"制度执法者"，必须重视每一次发现的"小过错"，让制度中的每一项规则与要求都能被切实有效地贯彻，防止"千里之堤，溃于蚁穴"。此外，还要注意：对所有人都采用统一的标准，不搞个体特殊化，不打破制度的约束性。

日本伊藤洋货行的前总经理岸信一雄是一位经营奇才，他对食品业的经营有着超强的能力和极为丰富的经验，曾为伊藤洋货行做出突出的贡献——他曾用十年时间将公司的业绩提高了十几倍，使得伊藤洋货行的食品部门呈现出一片繁荣景象。美中不足的是，岸信一雄的个人工作能力虽然强悍，但其个人性格倨傲，常常不遵守公司制度。岸信一雄始终不以为意的这个问题，最终却导致伊藤雅俊将其解雇。当时舆论界纷纷指责伊藤雅俊过河拆桥——岸信一雄解决了业绩难题后便将其解雇。伊藤雅俊对此解释道："规则和纪律是我的企业的生命，也是我管理下级的法宝。对于不守纪律的人一定要从重处理，不管他是什么人。"

很多企业管理者会为了留住人才而在制度上做出妥协，但是这种打破企业制度要求的行为，最终却会使其他员工也一并失去制度的约束，企业距离败落之日亦不远了。任何时候，企业管理者都不宜过于高估员工的境界，唯有对所有员工一视同仁，才能有效遏制"破窗效应"。

（2）避免法不责众的姑息之举

某公司曾在应聘管理者时出了这样一道题：某路段为了方便火车通行，修筑了一条新轨道，老轨道自此废弃。有一天，一群孩子到轨道上玩，其中大多数孩子选择了到新轨道上玩，只有两个孩子选择去不通火车的老轨道。在老轨道上玩耍的孩子提醒其他人：新轨道上会有火车通过，不安全。但是绝大多数孩子并没有听从劝告，继续在新轨道上玩。突然一列火车开来，这时扳道工要作出决定：是让火车一直开，轧死一群小孩；还是扳到旧轨道上，只轧死两个小孩？

在这道试题中，孩子用以比作员工，扳道工则用以比作管理者，新旧轨道比作企业管理制度。在新轨道上玩耍的孩子违反了制度，本该受到处罚，但因其是群体行为，问题似乎变得略显复杂。如果将这道题放到现实中，扳道工可能会选择扳到旧轨道上——一种伤亡相对小的方法。但在企业管理中，如果做出这样的选择却是违背了规则（制度），也是对遵守规则的员工的不公平做法。

这与对大多数员工违反规定时的网开一面是同一个道理：看似是在实施人性化管理，实则是在纵容姑息问题。这些做法往往让员工形成这样的错觉："只要参与的人数多，自己就不会得到什么惩罚。"而一旦员工形成这样的心理错觉，企业管理就很容易陷入被动状态。

因此，企业管理要坚决避免"宽容个体"或"法不责众"的行为。任何人性化管理都应建立在制度规则的约束之下，如此才能保全制度的权威性，维护企业整体的稳定性。

4. 实现制度化管理与人性化管理的平衡性

制度无情，而人有情。在很多管理情境中，管理者都面临着两难的选择：客观上必须按制度办事，但同时也要照顾人情，实现制度化管理与人性化管理的平衡。

李翔是一位业绩非常出色的员工，他有非常丰富的专业知识和较强的实际操作能力，更为可贵的是，他的个人创新意识也很强。

有一次，李翔认为他操作的一个工作流程可以予以改进，并主动提出一套改进方案。可是，当李翔向部门主管汇报此事时，部门主管正在忙于其他事务，并未重视其汇报。李翔见部门主管这一态度，决定自己私下按照自己的设想去试着调整工作流程；但是按照公司的相关规定，员工是不得擅自更改工作流程的。虽然李翔的本意是想通过流程改进的效果，让部门主管刮目相看，但是结果却不尽如人意，甚至导致其负责的生产任务未能如期完成。部门主管认为李翔违反了公司制度规定，考虑对其做出处罚；还有人认为李翔擅自行动的做法给公司造成了极为不好的影响，应将其辞退；等等。

公司总经理听闻此事后，及时找到李翔了解情况。在两人的促膝交谈中，总经理发现：李翔的确是一个很有创新思维能力的人，而公司的部分工作流程和管理制度也确实存在一些不完善之处，应该做出恰当的优化和革新。于是，总经理对李翔的创新精神大加赞赏。同时，他告诫李翔，即便工作流程和制度不完善，在没有改变之前也还是必须遵守的；况且，因他擅自改变流程，还导致生产任务没有完成。所以，公司应当根据制度要求对其予以一定处罚，以儆效尤。随后，公司总经理经与部门主管协商，对李翔做出了处理决定：鉴于李翔擅自违反流程，根据公司制度规定处以500元罚款；安排李翔在部门主管的领导下，对不完善的制度和流程进行改造，如创新成功，将对部门主管和李翔进行高额奖励。

案例中这位总经理采取的做法，既维护了制度的威信，又缓解了李翔和部门主管之间的矛盾冲突，还吸纳了李翔的合理建议，保护了其工作创新的热情。这才是制度化管理与人性化管理的高效平衡。

无独有偶。国内有一家公司，制定了比较严格的考勤制度，对员工上下班迟到早退者予以重罚——扣奖金、扣工资。这一举措引起了员工的普遍不满。总经理得知这一情况后，并未武断地对员工的工作态度等做出批评，而是实地考察了员工上下班的实际情况，和员工一起挤乘公共汽车上下班。经过几天的观察和体验，他发现：上班迟到的员工大多是需要接送孩子的女员工。基于这一情况，总经理决定：新设母子班车，专门接送这些员工。这一措施得到了员工的一致赞许与肯定，消除了对考勤制度的不满，由此提高了员工对公司的热爱之情与工作的热情。

这位总经理在执行规章制度时情理兼顾，既保证了公司考勤制度的切实贯彻执行，又能够以人性化举措解决员工的实际困难，关照了员工的情感。

在企业管理中，若不讲人性化，只讲制度化，会导致企业人心不聚；若不讲制度化，只讲人性化，则会使企业管理混乱。所以，高境界的企业管理，应当是以制度化为前提，再去考虑人性化管理，实现二者的平衡。

第三章
明确的目标方向,是行为的动力源

无论是个人,还是企业,目标明确都是十分重要的。唯有目标明确且具有高度可行性,人们的所有行为才能指向同一个方向,才能产生高效的行动力。通常,目标的明确与有序推进,需要借助有效的统筹来实现,力求目标着眼全局,有序推进,应时应势而变。

一、人进取与否，皆源于个体动机状态

很多管理者都认为：员工对工作缺乏热情，得过且过，是因为懒惰。但事实上，很多人之所以无所作为、事业未成，并非因为他们的大脑不够聪明，而是因为他们缺少雄心壮志和一股促使其走向成功的动力，简单地说，他们没有或不敢为自己设定一个为之竭尽全力的奋斗目标。

1. 所有人都应敢于为自己的目标而奋斗

胡适曾在《禅学指归》中，谈及一个在印度广为流传的故事。

古时候，一个国王想要让一个颇有才能的年轻人担任宰相，但是又不知他的能力是否足够胜任，于是想出一个办法考验他：让年轻人捧着一只装满油的小碟子，从东城走到西城；在此过程中，碟子中的油不可洒出。这个任务的难度不小，因为这不仅仅涉及技术的问题，在沿途中还会遇到很多可能干扰他完成任务的事情。

果然，年轻人刚刚捧着碟子上路，他的父母和妻子就哭着拦住了他，但他像未看见一样，从他们身旁走过去；迎面走来一位美丽的女人，所有行人都转过头去看她，但是年轻人却视而不见，径直走自己的路；路上冲过来一头受惊的大象，满街的人惊慌四散，他依旧捧着碟子往前走；一所临街的房子着了火，人们慌慌张张地在救火，但他没有理会，只关注着自己手中的碟子；一窝住在房子旁边树上的蜜蜂因被大火熏出来而到处蜇人，这个人也被蜇了几下，但他似乎毫无知觉地捧着油碟往前走……

最后,他终于抵达了目的地,一滴油也没有洒出来。国王很满意,对大臣们说:"这才是我要的宰相——如此专注做事的人,即便是喜马拉雅山也能够平下来,何况其他事情呢?"

有的人为什么遇到各种干扰,仍然能够完成任务?其实,这就是目标所具有的力量。当一个人拥有一个自己认可的奋斗目标时,他就会拥有超强的自制力,经受住各种诱惑,集中精力实现他的目标。

有这样一个心理学实验:研究人员对一批即将毕业的哈佛大学生进行关于人生目标的跟踪调查。他们调查发现:在这些大学生之中,3%的人曾经确立了远大的目标;10%的人有明确的短期目标;60%的人并没有形成较为清晰的目标概念,认为过好眼前的生活即可;27%的人则抱着随遇而安、得过且过的态度,没有任何目标。

20年后,研究人员再次统计这些人的发展情况,结果发现:那些3%的曾经树立了远大目标的人,完成了当年定下的目标,并成为业界的成功人士;10%有短期目标的人虽然没有创造出突出的成绩,但也成为社会中的上层人士;那60%的人虽然没创造出惊人的财富,但生活安稳;而那27%的人经济条件较差,部分人生活潦倒。

由此可见,一个人如果缺少人生的目标,那么一事无成将是必然;而如果他给自己设定了目标,那么他的成功之路便有了起始点。所以,企业管理者在对待员工的问题上应该做的,并不是简单粗暴地下达一个任务,而是与员工商定一个能够激励他们的工作目标,然后引导他们自觉地朝着这个目标努力前行。

2. 呈现企业目标愿景,保障目标一致性

大多数企业家或企业管理者,都有属于自己的梦(愿景目标)。而人们经常见到的一个现象却是：企业家或企业管理者不缺梦想（愿景目标），员工也做出非常努力的行为，可是收获的结果却常常不尽如人意。在富兰克林柯维公司的一项研究中人们发现，白领员工的工作时间中，只有大约40%是用于与企业最重要的目标相关的任务上；只有56%的员工对企业的最重要目标是明确的，而81%的员工完全不知道自己应该做哪些事情，以对企业重要目标的实现有所贡献。

要想解决这个问题，最根本的方法便是：在企业目标与员工目标之间建立关联。具体而言，在企业管理中，企业家和管理者要做好三件事：一是陈述目标愿景，让大家觉得企业是值得追随的；二是打造一个使命去统领员工思维深处的价值观体系，并且要让大家在使命这个层面达成共识；三是从上到下细分目标，建立高可行性的目标体系。

3. 被员工认同的目标才能点燃他们的热情

如果缺乏斗志是因为人们缺乏奋斗目标，那么，是不是只要为他们制定一个高目标，就可以为他们点燃澎湃的热情了？道理是这样的，但是在实践时又并非如此简单。

在十一假期即将结束时，一位销售员正在与他的朋友抱怨着他的工作。

销售员："明天就要上班了，一想到上班就头疼。"

朋友："怎么了？是因为工作压力太大吗？"

销售员："当然不是。其实，我的工作非常轻松。我们公司不需要考勤打卡，所以我不用像你们那样挤公交车，或者因迟到早退而被罚款。每天，我可以一直睡到12点，悠闲地吃过午饭，然后拜访一位客户，到下午3点时就可以下班了。然后，我可以去逛街或回家休息。"

朋友："天啊！你的工作实在轻松！但你这样工作的话，是不是每个月拿到的薪水不够丰厚？"

销售员："薪水方面也没问题。由于客户多是朋友介绍的，或者是我以前的老客户，即便不做太多努力也能拿到订单，完成公司下达的业务目标。当然，我心情好的时候，也会每天多安排几次客户拜访，想成为公司里的销售冠军也是很轻松的事情。但是，我并不想那么拼命。因为，我并不渴望升职加薪，所以何必那么拼命工作呢？"

朋友："难道你不担心你的领导知道你这种工作状态后会把你辞退吗？"

销售员："他才不会辞掉我。只要我不提出辞职，他就不敢让我走，甚至还得'讨好'我。因为我正维护着几位大客户，他担心我离开后会带走他们。而且，还有几位签了合同但尚未付款的客户，需要我负责收回合同款项。"

朋友："嗯，你的工作让人非常羡慕。"

销售员："有什么值得羡慕的呢！我觉得非常无聊，我没有什么奋斗目标，也不知道自己应该为了什么去奋斗。"

在这个案例中，这位销售员"如果愿意的话"能够成为企业的销售冠军，但是他并没有这么做，而是无所事事、无聊过活。这是因为，他没有为自己设计目标；即便企业或管理者可能曾经为他制定过某个任务目标，但是由于未能得到其认同，也终究是一个虚设的目标，无法真正调动他的工作热情和动力。

4. 设计一个被目标执行者认同、乐于为之努力的目标

有的人付出努力是为了取悦上级或者取悦家人。以这种心态来制定目标，是很难实现的。因为他在遇到挫折时，会产生怨愤的念头——"我为什么要为别人而委屈自己？"最终，他既没有取悦他人，也没有取悦自己。

事实上，每个人做出目标选项时的最基本条件应该是取悦自己，而不是其他人。当然，有时候人们并不清楚这个目标是为了自己还是为了其

他人。这时不妨自问：我们正在努力追寻的目标是不是自己愿意为之奋斗的？我们为这个目标付出的时间和努力，是否考虑将其转为另一个目标？我们之所以为这个目标而奋斗难道只是因为"应当"去做？……我们要认识到：每个人都应该去践行那个最适合自己的目标。

与此同时，还要确定这个目标是不是真正要实现的，实现这个目标后所得到的满足感是否与需要付出的努力相称。比如，一个人的目标是参加一场比赛并取得名次。为了实现这一目标，他需要投入必要的强化训练。这时，他应自问（管理者也应引导他自问）：这份投入值得吗？愿意放弃其他目标或机会而集中精力于这个目标吗？是以欣赏的态度看待这个朝着目标努力的进程吗？

每一个目标践行者都必须对这三个问题给予肯定的答案；否则，他需要冷静地思考自己的目标所在，并最终集中精力于自己真正想要实现的目标。

二、根据SMART原则，设计最具可行性的目标

目标必须是可行的，这样的目标才能被高效实现。如果目标的可行性欠佳，那么在实践中往往会因为难以实现而导致行动者放弃目标。那么，如何确保目标是具有高度可行性的呢？

1. 基于 SMART 原则的目标设计

管理学大师彼得·德鲁克在《管理实践》一书中最早提到了 SMART 原则。SMART 是五个英文单词的首字母集合，分别是 S（Specific，具

体的）、M（Measurable，可衡量的）、A（Attainable，可实现的）、R（Relevant，相关的）、T（Time-bound，有期限的）。后来，该原则被广泛应用于各类目标的制定——无论是制定组织的工作目标还是个人的发展目标，都可以参考这一原则。

（1）目标是具体的

在确定目标时，应认真审视目标描述中是否存在模糊不清、模棱两可的情形。一旦发现目标描述中存在不够具体之处，应更细致地加以分析，并进一步划分，使之成为更具体的目标。我们来对比一下表3-1中的这组目标内容。

表3-1　目标对比

目标组一	目标组二
改善服务质量	使客户投诉率降低至1%，客户满意度提升至96%
星期二拜访客户	星期二拜访3位重要客户（或者按照企业分级标准、分区标准等描述所要拜访的客户）

两组目标的差别很明显，第二组目标的描述比第一组目标的描述更加具体、准确，让人很容易了解目标是什么。

例如，一些设计人员经常制定诸如"完成某某产品的体验优化设计"这样的目标，但是这并不具体。因为这个目标没有说明自己所要优化的产品是什么：具体是指哪些页面（首页、发现页、更多页）、页面的哪些模块（分类入口、点赞功能、评论功能）、以什么形式（独立完成、团队协作）完成等。而这种含糊、宽泛、抽象的目标，既让操作者难以下手，也让考评者难以考评。但是，如果把目标设定为"独立完成所负责产品的首页分类入口模块"，就形成了一个比较具体的目标，负责落实该目标的人员也会更容易明确自己应该做什么，从而保障行为的高效性。

（2）目标是可衡量的

可衡量的目标，可以帮助人们在目标实施过程中和实施动作结束后，对是否取得了预期的成果形成较为清晰的认识。一般要达到目标的可衡量性，可以从数量、质量、时间、成本等方面进行优化。

如果人们设定一个读书目标"今年要读书"，这个目标是无法衡量的，即无法确定真正的完成节点，让人很容易给自己找理由、找退路。因为，即便只是读半本、读几页，也可以算读书了。

但是，如果将目标设定为"今年读完30本企业管理方面的书"，这个目标就是非常明确的，是可以衡量出来的，对于目标践行者有着很大的指导意义。至于完成这个目标具体需要读哪些类型的书，各本书需要用多长时间，每一天需要完成多少阅读量，则可以逐步分解出来，进而确定当下的任务。

（3）目标是可实现的

目标的可实现性具有两层意义，一层意义是达成目标应该在实施者的能力范围之内，另一层意义是实施者去实施目标时是有一定难度的。

有这样一个心理学实验：实验人员邀请15个人参加套圈游戏，游戏规则是这样的，在地面上立一根木棒，每个人分得10个绳圈，然后把绳圈套在木棒上。每个人可以自由选择自己距离木棒的距离。结果，站得太近的人轻易地将绳圈套在木棒上，很快就觉得游戏无趣；而站得太远的人一直无法把绳圈套在木棒上，很快也泄了气；只有少数人所站的距离刚刚好——这个"刚刚好"的距离使他们感到自己一定能够达成目标，但过程又具有一定的挑战性。

这个实验证明了一个道理：如果目标缺少挑战性，那么它就会缺少激励效果，无助于人们提升能力；但如果目标太有挑战性——目标难度太大，又会让人望而生畏，丧失了实现目标的信心，自然也就没有了实现目标的积极性。

所以，设计目标时应让其处于"跳起来摘得到"的状态。合理的目标应该是人们抬起自己的脚后跟就可以够到的。这样的目标有时看起来微不足道，但是坚持完成就会创造奇迹。

（4）目标是相关的

目标的相关性是指目标的实现与企业或个体的长远需求是密切相关的，简单地说，这个目标对企业或个体应该是有意义的。

一个满足"相关性"要求的好的目标应该是，比如，一个人希望自己朝着高级设计师级别晋升。而要实现高级设计师这个目标，不仅仅需要其技术能力达到一定标准，而且对其表达沟通能力、个人影响力也是有所要求的。因此，在设计具体目标时除了例行的项目工作实施与个人总结行为之外，还可以增加诸如"每年参加三场技术分享会"这类目标——这种目标便属于与长远规划"相关"的细分目标。

（5）目标是有期限的

现实中如果没有给目标设定完成期限，人们常常会找出各种理由拖延。这是由人的惰性——人的一种本性导致的。所以，为目标安排一个恰当的完成时间是十分必要的。

例如，"我一定要拿到 A 等考评"。目标很明确，但是这个目标是在本年度内完成，还是在下次考核时完成呢？如果缺少时间限制，那么人们对目标轻重缓急的认识程度就会存在差异，使目标完成效率大大降低。

所以，在设定目标时，还应该根据期限性原则对目标做进一步优化。比如，为"拿到 A 等考评"这个目标设定"本年度内"的期限，这样，目标就变得清晰了。

此外，还可以根据事务的轻重缓急，拟订完成目标的时间节点，定期检查目标推行的进度与实现情况，并根据异常变化及时做出目标调整。这样便可以使目标的实现度大大提升。

2. 从企业目标到个人目标的转化

在企业目标管理中，通常按照先制定企业目标再制定个人目标的顺序。具体而言，当企业的整体目标确认后，再进一步推进，转化为个人目标，以让每个人都明确自己应该做什么。

在目标分解与转化时，要遵循以下三个基本要求：一是分目标要保持与总目标方向一致，目标内容上下贯通，以最终实现总目标；二是分目标之间在内容与时间上协调、平衡同步发展，不影响总目标的实现；三是分目标的表达简明、扼要、明确，有具体的目标值和完成时限要求。在具体实践时，可以通过目标展开图将目标分解为个人的目标要求。

（1）将大目标分解成小目标

设计目标展开图时，我们可以运用目标多杈树法对目标进行分解。在目标多杈树法分解图中，树根代表大目标，树干、树枝、树杈依次代表被逐级细化的小目标。通过这种条理性的计划、分析，就可以将大的或宽泛的目标分解成具体可执行的目标，且能保证目标和行动计划之间的相关联性。目标多杈树法具体如图3-1所示。

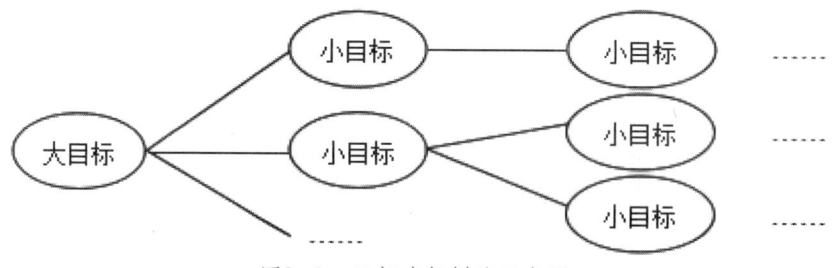

图3-1 目标多杈树法示意图

目标多杈树法的使用极为简单。首先，写下要实现的大目标。其次，自问：若要实现该目标应具备哪些条件（完成哪些小目标）？最后，分析这些条件中，哪些是必需的，哪些是可以忽略不计的？对于这些必需的条件（必须完成的小目标）还需要借助哪些条件（小目标）才能实现？通过这样的思考过程，便可以将目标层层分解开来，直至确定对应的完成条件，将目标的落实工作匹配到个人。

（2）全面确认各个小目标

通过分解得到多个小目标后，还需要对这些小目标做进一步确认。在确认目标时，可以用6W3H法进行。这种方法是用6个以W和3个以H开头的英语单词进行设问，以此来确认目标的可执行性，或者发现问题，寻找新思路，做出新决策。6W3H法的具体内涵如表3-2所示。

表3-2　6W3H法的内涵

6W3H法		内涵说明
6W	What（什么）	要做的是什么事情，达成命令事项后的状态是怎样的
	When（何时）	什么时间完成目标工作，允许的截止期限是什么时候，完成各项工作需要多长时间等
	Where（何地）	泛指各项活动发生的场所。适当的场所可得"地利"优势
	Who（谁）	指完成指令要接触或关联的对象，如责任者、参与者
	Why（为什么）	指理由、目的、根据。让执行者能理解为什么这样做而不是那样做
	Which（哪一种）	指各种选择的可能性，让执行者的决策时刻保持更大的弹性
3H	How（如何）	指方法、手段、怎么做
	How many（多少）	指需要多大、多少，让事情更具体化
	How much（多少）	指预算、费用

借助6W3H法来分析确认，可以帮助人们对目标的内容形成更准确的认识，从而具体无误地理解企业高层的目标要求。

（3）制订目标展开图

在完成目标分解与确认的基础上，即可制订目标展开图，以对目标进行管理。在制订目标展开图时，宜采用自上而下的系统处理方法，按层次逐级落实目标。这样才能确保目标对于任何员工都是可实现的，从而激发其工作热情。具体制订过程如图3-2所示。

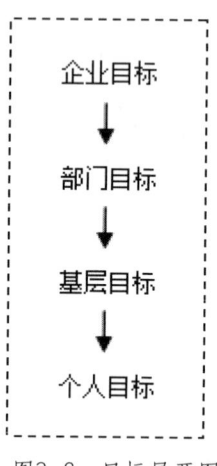

图3-2　目标展开图

将企业目标逐级展开至个人目标以后，再进一步细化相关资源、责任等细项，使项目目标与责任深入拓展，并最终落实到具体的实施者。如此便实现了按时间关系和空间关系同时展开的、立体化的目标体系，使各级人员都能直接清楚地了解目标要求。

三、遵循阶段递进原则，有条不紊地实现目标

在企业管理实践中常常有这样的现象：人们会在截止日期前完成目标任务，而对于不需要立即完成的目标任务，人们会一再拖延，一直到最后

期限即将到来时再加班加点完成。这种现象在心理学上被称为"最后通牒效应"。

也有人认为，在截止期限的最后一刻完成目标任务，会产生一种高压，在高压下个体创造力得到空前激发，从而形成更好的创意，让目标更好地实现——所以并不会造成什么损失。但是心理学家指出，这是一种自欺欺人的说法。事实上，人们在超高的压力下只会表现得更糟，而不会更好。

根据"最后通牒效应"及结果，企业管理者要尽量避免员工出现工作拖拉的倾向。为此，在设计任务时，即应当考虑制定负荷合理的工作目标，遵循阶段递进原则，借助有条不紊的推进动作来确保目标的按时、圆满达成。

1. 确保目标设定与实现的时间渐进状态

如果没有为目标设定完成的时间限度，那么它就不能被称为"目标"，而是一种空想。为了实现目标，应设定精确的完成时间，并划分不同的时间段来逐步推进目标的实现。

（1）设计目标实现的时间段

根据SMART原则设计出目标之后，为了让这个目标更具有可操作性，还可以在实施的时间节点上做进一步规定。比如，如果当下的目标是一个周目标，那么可以在此基础上制定日目标、小时目标，甚至分钟目标。当然，这些目标的设计与划分必须契合实际，这样才具有较强的可实现性。

为了按时完成目标，在设计目标的时段时还可以采取一些技巧。比如，将前期目标的时间安排得多一些，后一阶段的目标所需时间相对减少。例如，某公路建造工程队根据每天完成的工程进度，把整条公路建造工作分为三个阶段：第一阶段（3个月）完成3000米；第二阶段（6个月）完成7000米；第三阶段（3个月）完成剩下的2000米。在顺利完成第一阶段的目标之后，员工们往往会形成较好的士气；到第二阶段时，即便目标任务量较多，而平均工作时间又相对少了一些，他们也仍然有极大的概率按时完成；而到第三阶段时，目标任务量比第一阶段的任务量又少一些，而与第二阶段目标工作量进行对比后，更会觉得目标是可以轻松完成的，因而目标实现度会更高。

（2）让长、短期目标紧密结合

企业总体目标的实现离不开长期目标和短期目标的综合设计。长期目标规定着企业的发展方向和预期成果，使企业目标的实现时间得到整体把控；而短期目标的逐步完成将成为完成长期目标的一块块基石——以分段的形式完成对整体目标的时间控制。实施者集中完成短期目标，不断关注长期目标，也就逐步实现了企业的预期。在完成目标的过程中，要注意以下两点。

一是长、短期目标之间的层级协调。企业使命往往需要借助长期目标的实现来达成。短期目标是执行性目标，如在下半年使利润增长3%，使员工效率增加8%等都属于短期目标。这些短期目标是来自对长期目标的分解，并按照各目标的轻重缓急顺序进行。这些短期目标的实施顺序一旦确定，依序完成即能实现长期目标。

二是短期目标服从于长期目标。实现短期目标是实现长期目标的基石。如果为了单纯地实现短期目标而罔顾长期目标的指向，那么无异于竭泽而渔。因此，长、短期目标必须紧密结合，这样才能提高企业总体目标实现的概率，加快企业总体目标实现的速度。

（3）综合考虑技能水平的渐进状态

在目标实现过程中个体技能是处于渐进状态的，在目标设计时也应综合考虑。有一位华为公司的科研工作人员曾谈及如何在目标分解时纳入对个体技能的考虑。他说："进行技术优化前，我通常会细致地划分目标完成阶段，制定一个个易于实现的小目标，例如，每天接受多长时间的培训或学习，什么时候可以大致了解，什么时候可以熟练，什么时候能发现技术中存在的缺陷，什么时候能够从掌握的技术中提炼出更新、更贴近用户的技术……最后确定总目标实现的时间。而对于这个时间的确定，我还会留出10%的宽裕时间,以免因突发事件或临时任务导致目标无法按时完成。"这种系统考虑各类因素的目标管理方式,更容易使总目标圆满实现。

2. 设置并监控目标实现过程的时间节点

在目标实施之前,设置合理的控制节点,可以让人们轻松掌握目标的进度和质量。开展某个项目之前,则可以根据项目交期预估、资源要求与资源共享、作业安排、主要约束条件以及工作的提前、滞后说明等,来编制项目工作计划,确定项目推进的起止时间节点。

(1)预留缓冲时间

在目标设计之初,预留一定的缓冲时间是非常必要的——这是未雨绸缪的表现。因为工作过程中难免发生意外,而预留出时间就可以有效保证工作目标的实现。

有一家纺织公司接到了一个大客户订单。客户要求在一个月内交付指定数量的窗帘布料。在离交货时间还有10天时,公司总经理召集各部门主管开会,特别指出"即便是加班也要赶出这批货"。各部门主管表示有信心完成任务。然而在临近交货日期时,生产部门突发断电事故,严重影响了生产进度。待到发货那一天,仍有半车布料未能按时生产出来。

这家企业没有预留足够的时间用作缓冲,后来因意外情况的出现而措手不及,最终给企业造成了不小的损失。要避免发生类似事件,应注意的事项如表3-3所示。

表3-3 预留缓冲期的注意事项

注意事项	说明
考虑得尽可能周详	完成某项任务时,预测可能发生的各种意外情况,把能预见到的风险降到最低,做好各类应对预案,合理安排计划时间,确保目标顺利完成

续表

注意事项	说明
预留足够的时间	保证充足的时间去完成任务，确保在出现意外时有一定的时间来救急。一般来说，可以考虑预留出10%的时间用作缓冲
编制任务清单	根据目标内容创建一个任务清单。其中，每一项任务的清单上都应清楚标注时间（以小时或天数为单位）和对应的资源（完成规定任务所需的人力、物力和财力，以及意外情况发生时可调配的资源）

企业管理者在目标分解与任务指派时应考虑预留缓冲期，为意料之外的困难、延迟或阻碍预先做好准备，避免因意外的出现而影响了总目标的如期实现。

（2）科学设置进度监控点

在目标实施过程中还应确定恰当的进度监控点。

（3）进度问题要及时调整

在确定了目标任务的起止日期后，要对目标推进情况进行跟踪；如果发现目标推进的实际进程与预定的进度不符，需要找出原因，并提供方案或解决措施，及时调整工作进度。一般工作进度的调整可以采取以下两种方法：

一是改变部分工作任务间的逻辑关系。当实际进度与总工期不一致时，在允许改变的情况下，调整偏离计划工期的关键线路和非关键线路上的工作任务之间的逻辑关系，达到缩短工期的目的。

二是压缩部分工作任务的持续时间。不改变工作任务之间的逻辑关系，而是缩短因实际进度而引起总工期增长的工作任务的持续时间，使作业进度加快，保证实现目标。

3. 以最后通牒向目标执行者施加压力

俞敏洪曾戏言："别看现在新东方发展得还不错，不知道什么时候再来一场经济危机，说不定倒下成为第二个通用的就是新东方。"这种危机意识实际上也是对员工的"最后通牒"：如果你今天不努力工作，那么明天公司可能就会垮掉。

在华为事业发展的巅峰之时，每年都要向全球100多个国家超过10亿用户提供电信服务。然而，在这种本该值得庆祝的时刻，总裁任正非却以"华为的冬天""华为距离倒下还有几天"来提醒员工要更加努力工作，强化他们的危机意识，从而激发他们工作的创新热情。

美国百事可乐公司的负责人韦瑟鲁普提出"末日管理"理论，以大量令人信服的资料让员工感受"末日情绪"，以此激发员工积极向上的斗志，并要求全体员工努力实现公司15%以上的年经济增长率。

很多时候，当人们意识到自己正处于危机重重的环境中时，他们会奋力拼搏。所以，用危机作为最后通牒的由头，也不失为一种好方法。在实践中，管理者除了像上面几位这样宣导末日危机感之外，还可以在设计目标时特别强调完成目标的最后期限要求，并不时地提醒目标实施者。目标实施者在获得此类提醒信息后，会在心理上形成一定的紧张感和压力，继而努力实现目标。当然，最后期限的设定必须适度，以免造成目标实施者的反感。

四、科学反馈，必要调整，保障目标行为的适应性

如果一个人的目标比较清晰，且其清楚自己的目标实施程度，这会大大增强其意志力、自信心，有助于增强其目标实现的综合效果。而目标模糊则会使人们生成恐惧感，继而产生逃避之举。因此，避免人们对目标与目标实施情况的模糊不清是非常必要的，而其中一种非常简单的方法就是

及时反馈。

1. 对员工的目标践行情况进行及时反馈

心理学家罗西与亨利曾做过这样一个实验：研究人员把一个班级的学生分为三个小组，并规定每天对他们进行学习效果测验。然后，研究人员对这三组学生进行了不同程度的"学习效果反馈"。对第一组学生，他们每天告知测验结果；对第二组学生，他们每周告知一次测验结果；而对第三组学生，每次测验后都不告知结果。如此测验了8周后，研究人员改变了"反馈方法"：对第一组学生，他们不再告知学习结果；对第二组学生，依然每周告知一次测验结果；对第三组学生，他们每天告知测验结果。按照这样的模式他们又测试了8周。最后，研究人员对这16周以来这三组学生的成绩进行了统计，结果发现：第一组学生在8周后明显出现成绩下降现象；第二组学生的成绩一直在稳步前进；而第三组学生的成绩则在8周后开始突飞猛进。研究人员由此推断：掌握学习成果对学习的推进有着极为重要的作用，而且即时反馈比延时反馈更有效果。

为什么会这样呢？这是因为，不管人们在做多么有把握的事情时，他们在行动过程中对结果都并不完全确定。此时，如果他们能够获得及时的反馈，那么他们便可以明确自己的行为效果，而后判断自己是否有所改进以及如何改进。比如，登山者每向上攀爬一步，就知道自己所在的高度又上升了一些；刺绣工人每绣一些，便可以看出自己的绣图是否正确；等等。而人们一旦得到肯定式反馈，便会对自己及工作事务建立更多的信心。

企业管理也是如此。当员工表现出某一行为之后，如果企业管理者能够传递出"我已关注到你的行为""你很有创意"这样的反馈，则员工就会明白自己的行为是被认可的，他的行为次数也会大大增加。那么，如何对员工做出反馈才能最见成效呢？以下几种方法可供参考。

（1）及时告知你对其目标实现情况的评价

管理者宜及时将目标实现结果以及对员工的行为评价反馈给员工，并言辞明确、态度诚恳地告诉他们：目标实现程度如何？他们在哪些方面表现得很好或表现得不好？让员工准确地感知到管理者对自己行为的满意度。

（2）对员工的优秀表现予以具体反馈

如果员工圆满完成了目标，表现优秀，那么企业管理者应提出针对性的表扬，而非使用笼统的语言，含糊其词。比如，一位员工为了完成项目计划书而加班到凌晨才回家，而第二天一早又赶来公司上班，并未请假调休或迟到。那么，我们不能仅仅说"辛苦啦！表现不错！"之类的套话，而是要特别点明员工做的某件具体事情。此时，这样的反馈会更合适："小张，你昨天为了做好这份紧急的项目计划书，加班到凌晨，总经理对你的敬业精神表示极为赞赏，对你做好的项目计划书内容也很满意。刚才总经理已经让李助理把计划书打印出来寄给客户了。"从敬业精神到工作高质量——反馈内容都是针对小张做出的非常具体的行为，如此反馈会更切中小张的心。

（3）对未达成预期目标的行为表现要提出建议

如果员工的行为表现未达成预期目标，那么企业管理者也需要给予其反馈。同时，还需要对其提出一些建设性的改进意见和鼓励，以帮助员工在良好的心态中乐于接受和认识到自己的不足，并主动改善自己的行为。

总之，作为管理者，务必及时让员工知道自己被管理者关注，认识到自己的目标践行情况，以及自己的行为方式是否有必要做出调整。

2. 设计目标反馈机制，打造成就体验

目标反馈机制是将人们的具体行为产生的结果予以数据化、直观化、进度化的一套管理机制。

（1）数据化

数据化是指将目标任务予以精准计量和系统分析，并通过数据报表的形式进行记录、查询、汇报、公示及存储。

（2）直观化

直观化是指将那些内容或形式抽象的目标，转化为易于理解、相对直观可见的目标，以便于有效把握目标系统所关涉主体之间的关联。

（3）进度化

进度化是将目标任务的完成进度、完成量、待完成量等元素，以百分比的形式显示出来。比如，从网络上传或下载东西时，可以看到一个进度条，从0~100%。根据这个进度条，人们能非常清楚地知道目标实现情况。

当一个便于随时获得具体反馈的机制被成功建立起来之后，人们在落实每个目标时会更容易产生成就感，也就有了继续前行与努力的动力。

3. 必要时调整目标，以适应未来发展

目标被制定之后，并不意味着人们必须严格沿着这个目标前进，始终不变。事实上，不管人们用了多长时间制定了多么美好的目标，在目标实施过程中都需要定期评审目标的可行性与价值意义；如果这个目标完全或部分不适用，人们无法被这个目标激励时，就必须对这个目标加以调整和修改。

这个道理很简单。因为每个人都会随着岁月的变化而改变——兴趣可能会变化、能力可能会提升，而外界环境也可能为人们展示一个全新的世界，这时，人们就有必要去调整目标。

一位乐队的主唱曾说过，在他刚刚成为音乐节目主持人时，他的目标仅仅是发行一张属于自己的唱片。后来，他组建了乐队，并获得了很大的声望，于是他更改了自己的目标——在音乐中加入蕴含有社会意识的信息。再后来，随着职业的发展，他再次更新了自己的目标——赢得不同年龄层、喜好不同音乐风格的观众的心。

　　每个人在成长的过程中都会越来越了解自己，并积累更多的经验。这时，如果一个人的目标经年累月毫无变化，那么他的进步必然受限。因此，企业管理者需要适时帮助员工调整目标，以适合其当下的以及未来的发展需求，助推其不断取得更好的成绩。

第四章
建构责任体系，有效释放个体责任感

从企业目标出发，设计一套系统的责任体系，将责任进行逐级细分，直到落实到具体的某个人身上，这将确保每个人都能明确自己所应承担的责任内容与应做到位的行为要求。从行为结果角度来说，这也是保障个体行为与企业期望趋近或达成一致的有效方法。

一、聚焦个体责任，实现企业内部"各尽其责"

一位办公室主任曾描述过这样一种现象：很多人坐在办公室里，但是却无人肯给饮水机换一桶水——所有人宁愿渴着也不动一下。这种现象在人们承担任务时更为常见：如果在完成一项任务时由单独一人来负责，那么，他会承担全部责任；但如果完成这项任务时有多人参与，而对该任务又没有明确划分每个人的责任，那么，"一个和尚挑水吃，两个和尚抬水吃，三个和尚没水吃"的现象便出现了，心理学上将其称为"社会惰化现象"。对于企业来说，这种现象带来的是行动力不足、组织管理分散等一系列问题，是一种亟须被解决的问题。

1. 从责任分散到旁观者角色的出现

要想彻底解决问题，必须弄清楚为什么会出现这种问题。

（1）责任分散是"人多力小"现象的根源

为了探究这种现象发生的根源，法国工程师瑞琼曼在1913年组织了一次拔河实验。

瑞琼曼为每一位被试者佩戴一个可以测量拉力的仪器。该实验分为三个部分。第一部分，由一位被试者与他人进行拔河比赛；第二部分，让被试者身处人数为三人的群体中，由三个人组队参加拔河比赛；第三部分，将该群体的人数增加至八个人一起参加拔河比赛。结果显示，当单独一个人参加比赛时，其平均拉力是63公斤；三人群体一起拔河时，平均拉力是53.5公斤；八人群体一起拔河时，每个人的平均拉力仅为31公斤。

而当瑞琼曼向每位被试者询问是否在多人合作中也用尽全力时，他们都给出肯定回答，且认为一定是别人未尽全力。但事实上，在仪器记录中可以清楚地看到，所有被试者都根本没有在团队合作中全力以赴。

可见，在多人合作完成某件事情时，懈怠心理是真实存在的，而且是一种具有普遍性的现象。因此，当人们以群体形式共同完成某项任务时，关于"谁来承担责任"以及"承担多少责任"，这往往会成为让人难以决断的问题——身处群体中的个体所付出的努力要比单独一个人完成任务时少——因为几乎每个人都认为其他人会承担任务责任，等着他人去做，而最终的结果是每个人都没有付诸行动。

之所以会出现这种现象，是因为在一般性的群体行动中，人们认为自己一个人的存在或表现并不容易吸引他人的注意力，故其个体责任感会被模糊化，个体感受到的焦虑感大大降低，受到的约束力量也会大大降低。也就是说，在责任分散的状态下，人们会因为行为无迹可循而将本应自己承担的责任以某种形式去推诿给他人。

（2）责任分散制造旁观者效应

1964年，美国曾发生了一起谋杀案，后来《纽约时报》刊发了一篇名为《38名目击者：格罗维斯谋杀案》的报道。这一事件之所以受到瞩目，是因为在谋杀案发生时，明明有多达38人目击了案件发生的全过程，只要其中1人报警，那位女子便可以免遭杀害，但却无人伸出援手。事件发生后，很多媒体评论人和学者认为，这38个无动于衷的证人是现代城市人道德沦丧的典型代表，社会上对此事谴责声连连。

但心理学家巴利和拉塔内认为，导致这一事件发生的因素，不仅限于道德层面，还有人们心理方面的因素在发挥作用，那就是责任分散心理。

对此，他们还进行了一系列的实验进行证明。

实验设置了三种情境。第一种情境是两人组，由被试者（被测试对象）和被救者交流；第二种情境是三人组，由被试者、被救者和一个旁观者组成；第三种情境是六人组，由被试者、被救者和四个旁观者组成。实际上，被救者和旁观者的语言表达都是提前设计的录音，真正身处实验中的只是被试者一人。

实验开始后，通过播放录音来制造多人交流的假象，被试者会认为录音中的人是真实存在的，就在他附近的房间里参加类似实验。录音播放一段时间后，会传出被救者类似哮喘发作的声音，说明"他需要帮助"。被试者向房间外的实验人员求助或者6分钟内都未产生救助行为，实验便告终止。

最终结果发现：实验中的旁观者角色越多，被试者做出救助举动的可能性越小，即当被试者得知"除了自己还有其他人知道此事"时，其向实验人员求助的行为概率变小。

这种现象后来被心理学家称为"旁观者效应"，即在紧急事件发生时，如果有他人或多人在场，会减少或抑制个人积极行为的发生。

所以，不管是在普通的企业管理中，还是在紧急突发事件中，涉及的人员数量越多，反而越不利于事务的快速有效处理。这种现象的出现皆是个体责任不明确引发责任推诿所致，而非简单的"人心冷漠、事不关己、高高挂起"。

2. 明确责任，大家就不会再做旁观者

在企业环境中，每个管理者和员工都是其中的一员。一般人们非常清楚"自己应当对企业承担责任"，只是每个人对自己应承担的责任内容的清晰程度有所差异而已。所以，要想解决"旁观者"的问题，预防责任推诿现象，不妨从这方面入手：明确责任分工，让责任由模糊化转为清晰化，使人们无法推卸责任。

乔布斯在当初执掌苹果公司时，便是采用这种将责任划分到人的方式，来避免群体作业中的责任分散现象。他不仅要求部门与部门之间做到责任明确、互不干涉，还要求部门内部同样如此。这样一来，便可以确保在责任分派和出现差错时，能够快速准确地找到直接负责人。

所以，当我们看到企业中出现冷漠氛围时，不必简单地把问题归为人性本恶的层面，而宜慎重考虑客观情况，能够基于人性的特征去合理引导员工的心理反应，巧妙地激发员工的责任感，使之积极参与到企业管理与运作中来。

二、建立责任体系，量才、恰当地委派工作任务

为了有效激发员工责任感，企业有必要设计一套科学的、精细化的责任体系，让每个人都能明确自己的责任；同时，要根据每个人的实际能力来分配工作任务，使他们能更自信地履行个体责任。

1. 逐级细分责任，建立系统的责任体系

一般而言，在责任细分时，宜采取上下循环模式，即自上而下地逐级展开责任细分，自下而上地逐级对上一级履行责任。

在这套责任体系中，企业高层的责任是实现企业目标，随后将这个责任逐级向下分解，落到部门，再落到基层小组，最后落到个人身上。这样

各级主体都有其对应的安全责任要求与责任实施保障措施。在这套责任体系下，只要每个人都愿意切实履行自己应尽的责任，那么企业的总目标便会实现。

在确定个体责任时，需切实考虑岗位职务因素，然后自上而下地按层次逐级落实，以建立目标—责任展开图。目标—责任展开图如图 4-1 所示。

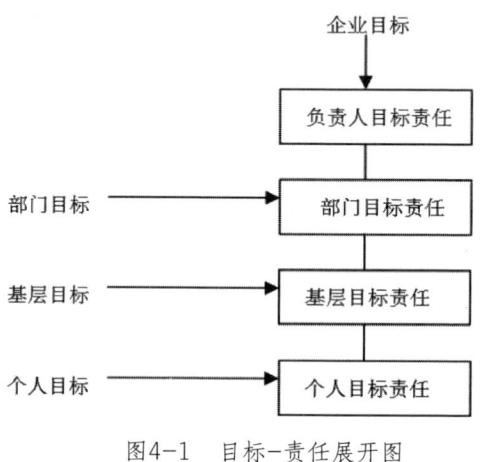

图4-1　目标-责任展开图

参照上述逻辑，在明确企业目标后即可对各部门的目标与责任进行深入拓展。下面以销售部为例进行目标责任分解。

销售部目标与责任：完成华中地区第二季度 5000 万元的营收额。

销售主管的目标与责任：向每一位销售员分派具体的销售任务，并调配对应的人力、物力，跟踪每个人的销售业绩完成情况，按月向公司总经理汇报销售部的总体销售情况。

员工（甲、乙、丙、丁……）的目标与责任：针对自己负责的客户，展开具体的销售工作，在规定时间内完成包括收集技术情报、情报分析、开发新客户、维护老客户在内的销售工作；按周向销售主管汇报自己的销售业务进展情况，如遇到问题，则及时向主管请求帮助。

通过这样的目标责任展开，目标实现的可能性大大增加。当然，如果我们能按照SMART原则，将这些目标责任进一步细化，则会使其更具应用性。比如，对于"开发新客户"这一责任事项，可将其描述为在一周内拜访10位客户，其中成交2个，这样既有时间限定，又有具体的工作数量和工作质量要求，对销售人员的工作更具有指导性。

2. 根据工作能力，匹配岗位责任、派发任务

企业之所以增加人才，是期望员工大展身手，从而推进某个项目的顺利推进、企业的快速成长。但是，一些人在某个项目中表现得很优秀，可另一个项目中却表现得较为普通甚至很差。这时，企业管理者便开始质疑员工的能力，觉得自己当初不该将其引入企业。同时，员工也在不断抱怨"企业管理者故意和自己作对，总是给自己派发自己不擅长的工作任务"。

这种现象并不少见，究其原因并不是员工能力有问题，也不是管理者故意给员工"穿小鞋"；而是员工被放错了位置。很多企业管理者往往并不清楚员工擅长的领域，在不充分了解员工能力的前提下，全凭个人感觉去安排岗位、划分责任。如此工作效率自然不高。

（1）认识岗能匹配的重要性

事实上，每个人的工作能力都有一定局限性，不同的工作岗位对人才的能力要求也不尽相同。管理者要做好员工工作能力与责任任务之间的有效匹配。

一些管理者认为，即便是员工不擅长的领域，"员工也可以去学啊"，于是不顾员工意愿和能力差异而随意划分责任、派发任务。结果一些员工被安排到了自己并不擅长的领域，被要求履行自己难以承担的责任，而员工的擅长领域被荒置，使其不得不在新领域里从零开始。

其实，每个人都有自己擅长的领域，有的人适合进行技术研究，有的人适合从事管理工作。如果把这些人放错了位置，那么，他们便与平常人毫无差别，甚至连平常人能做到的事情也做不到。

1980年，美国哈佛大学教授瓦尔特·吉尔伯特在癌症方面做出了杰出的研究成果，由此荣获了诺贝尔奖。次年，他创立了欧洲最大的生物工程公司"B10-CEN"公司，成为欧洲第一位经营生物工程的高技术风险企业家。但是，这家公司在前进之路上却遇到了极大的挫折。

因为这位高智商的教授只懂技术发明，而不知经营和开拓市场，也不知运用那些懂得管理和经营的人才。结果，他虽然有很高的技术，也有很好的产品，但却始终无法打开市场，公司很快陷入经营困境。瓦尔特·吉尔伯特极为痛苦，在公司开办不到五年时，他辞去公司的职务，重回大学教书。

吉尔伯特有超强的科研能力，但是他并不擅长企业经营和市场开发，最终只能退出公司。他的创业失败证明：即便一个人在某一方面非常优秀，但这并不意味着他在做其他事情时也必然做得一样好。这个案例也足以给管理者以启示：在派发任务之前，必须对员工的能力与岗位要求了如指掌。只有做到能力和职位的匹配，员工才能发挥出其自身的最大价值。

牛根生曾经说过："从人本管理的角度看，人人都是人才，就看放得是不是地方，这是一个人岗匹配的问题。例如，我们在选卫生工的时候，绝不会选那些文化程度高的，或者是家庭条件特别好的，因为这样的人对自己职业的目标绝对不是一个卫生工。因此，我会让那些老实敦厚的农村妇女来胜任这些岗位。因为这份工作对平常基本上没有什么经济收入的农村妇女来说弥足珍贵，她们自然会非常重视这份工作，继而用心干好它。"

因此，在为员工派发任务时，管理者宜综合考察员工的能力与专业背景后再划分责任。如果将一项任务安排给一个缺少专业背景的人去落实，可能造成非常不利的结果。即便这位员工表现得非常有热情，行动上非常努力，也可能损害企业整体效能，损害合作者的热情。

总而言之，唯有恰当委派任务、量才为用，实现"岗得其人""人适其岗"，才有机会让员工更充分地展现个体能力，更高效地履行自己的责任。

（2）评估员工的能力状态与素质水平

在进行岗位责任划分之前，企业管理者不妨用一周时间来观察员工的表现，评估其是否适合承担这份责任。为了保证评估结果的客观性，避免错判，管理者可以制作一张比较全面的评估分项详表来辅助进行评估工作。员工评估分项详表如表4-1所示。

表4-1 员工评估分项详表

评估项目	评估等级（分为a、b、c、d四等）	说明
员工的专业知识和学习态度		考察员工是否完全掌握专业领域的知识，并能充分地利用企业专项培训机会
工作的执行力		评估员工的工作适应能力、工作质量，能否按时完成任务，能否承受超负荷的工作压力，是否能够接受挑战性新任务，是否具有变革和创新的精神以及应变能力
团队精神		考察员工在工作中及时交流沟通的意识、与同事的相处能力、在团队中的贡献力等
对企业的忠诚度		考察员工对管理者和企业的忠诚度
领导能力		考察员工的组织实施能力水平、是否能主动提供解决方案、对目标是否明确

表4-1是比较全面的评估内容。管理者借助以上评估维度，可以对员工的心态以及技能等各方面进行了解。为了避免评估结果存在偏颇和不公平的情况，管理者还需注意：每次进行单项评估时只考虑一个因素，不能因对其他因素的评价而影响对这个因素的评价；同时，也不要将眼光集中在特定事件上或近期的表现上。

此外，管理者还需要评估员工在以下素质方面的表现，如表4-2所示。

表4-2 员工的优秀素质表现

素质特征	表现说明
忠于管理者的指令	全力以赴地完成管理者下达的指令，这是对员工最基本的要求。忠实执行指令，这说明他对管理者和企业是忠诚的，这样的员工是可信任的。但同时，员工对管理者的指令也要有自己的认知与观点，并非唯命是从
替管理者担负留守责任	当管理者不在时，个别员工行为懈怠，不肯尽职尽责，而真正优秀的员工则会担负起留守的责任，在自己的权责范围内帮助管理者处理相关的事务。待管理者归来后，向其报告所发生的事务及处理过程
明确自己的权限	能够认清哪些事属于自己权限范围内或权限范围外；如果发生自己权限范围外的事务，应及时向管理者做出请示，绝不越级处理
勇于担当	一些员工在发生问题时习惯推卸责任。这样的员工，是不能委以重任的；只有敢于承担责任的员工，才能考虑为其分配特殊的、重要的岗位或任务

每个企业对员工责任与素质的要求各有不同，并不仅限于上述内容。管理者在委任之初要明晰对员工具体责任与素质的实际要求，这是实现岗能匹配的前提条件。

3. 在增加新任务时，恰当地调整责任要求

随着企业的正常运转，常常会产生一些新业务；管理者应对这一业务的负责人认真地做出确认。具体而言，是否增加员工人数或减少人数，以及如何指派新的任务，以让员工心甘情愿地认领新任务，这都是应该慎重考虑的事情。一个聪明的管理者必然对员工当下责任与个体胜任能力有充分了解，做到量才适用，同时也让员工理解自己的用意和难处，继而主动认领新的任务与责任要求。

事实上，在增加责任、安排新任务时，管理者常常面临一个问题：当

工作量增加时，原来的任务责任应如何履行？

台塑集团董事长王永庆在这方面处理得非常到位。在开会时，有管理者向王永庆反映："我们忙不过来，要增加人，不增加人怎么行啊！"王永庆说："增加人就增加人啊，这有什么困难，公司还为难你？公司还舍不得请人？这样吧，礼拜天我们找个地方吃饭，研究研究到底要加多少人。"哇，大家好兴奋啊，回去拟了很多份人事计划。

那天，王永庆当众说道："各位要增加多少人，今天就可以做出决定，不要拖到以后。"他对大家讲道理："要增加人手是可以的，但是必须讲出道理；如果是合理的，才可以增加。"然而，大家交流了3个小时，最后的交流结论是："并不需要增加人手，反而可以裁掉几位员工。"

王永庆在一餐饭之后，把"加人计划"变成了"减员计划"，这听起来很神奇，但方法很简单；而且这种裁减人员也不是简单粗暴地"踢人"。

事实上，他是通过简化、合并、重组模式，探讨新的方法来代替旧的方法。其中，简化是指简化冗余，剔除工作中不产生效益的事务；合并是指合并一切可合并的事务；重组是指对各类事务的运作顺序再次进行组合，优化从事工作的流程，改革一切不合理的流程。如此一来，既使承担工作的人的工作更轻松，又减少了人员数量。

为了完成新目标任务，企业管理者宜结合责任体系来建立相应的责任激励机制，充分调动员工承担责任的积极性。华为总裁任正非曾多次指出："要在职权范围内正确及时决策，把不能承担责任、不敢承担责任的干部，调整到操作岗位上去，把明哲保身或技能不足的干部从管理岗位上换下来，要去除论资排辈，把责任心、能力、品德以及人际沟通能力、团队组织协调能力……作为选拔干部的导向。"任正非这句话的核心是：将职务晋升与责任履行情况相关联，让那些责任意识强、履责能力强的员工获得晋升的机会。实践证明，这的确是一种促使员工积极履行责任的有效方法。

三、科学授权并适时督导，保障任务如期完成

在现实工作中，很多员工习惯于埋头做事，遇到问题时自行解决，然而有时选用的方法不当反而造成更严重的问题，而当管理者发现问题的时候往往为时已晚。因此，管理者应当认识到：即便是员工在工作中遇到一个看似微小的问题，也可能造成严重的影响，那么管理者就应该有所了解。如果事务情形相对复杂，纵然管理者已经做出授权，也不能做完全意义上的"甩手掌柜"；而要在确保权责匹配的同时，对目标落实过程进行适时监督，确保任务高质量、高效率地完成。

1.科学授权，解放管理者的同时激励员工

从根本上来说，责任与权力应当是对应的。人们在承担某项责任的同时，必须具有对应的权力。如果员工只有权力而没有责任，那么其工作作风必然日趋官僚主义；但如果员工只有责任而没有权力，那么他势必难以履行自己的责任，工作态度自然越来越消极。因此，做好授权管理是确保责任落地、目标圆满完成的重要事项。

一般企业管理者可以从授权程度规划和授权效果控制两大方面来设计授权管理机制，避免授权不力。

（1）按类、循序授权

企业管理者在授权之初，可以根据授权对象的业务娴熟程度和担当的

企业角色，进行不同程度的授权：制约授权、弹性授权、不充分授权、充分授权。

一是制约授权，在对新员工授权时使用，管理者宜将最基本的事务性工作授权他们来处理。

二是弹性授权，在对大部分普通员工授权时使用，管理者可以不定期地授权他们做一些稍有挑战性的工作，在授权期间扮演好教练员角色，切实做到言传身教。

三是不充分授权，在对企业中的中层骨干人员授权时使用，管理者可将重要工作交给他们做，如项目谈判、重大决策的参与制定等。

四是充分授权，在对企业中的核心员工、重点培养对象授权时使用，管理者可以将任务授权他们去做，让其自由发挥，只需注意其不偏离轨道即可。

在实施授权时，企业管理者宜坚持循序渐进的原则，根据员工的工作能力、经验水平的变化情况来调整授权，并给予员工对应的支持和帮助。

（2）授权、信任与牵制

美国前总统罗斯福说："一位最佳的领导者，就是一位知人善任者，而在下级甘心从事于其职守时，领导要有自我约束能力，不可插手去干涉他们。"在信任中授权，这对任何人来说都是一件快乐且极有吸引力的事情。因为这会极大地满足人们内心的成功欲望，形成责任感和自信心，其主观能动性会大大提升。

詹森维尔公司是一个美国式家族企业，企业规模虽然不大，但自1985年实施授权管理之后企业发展相当迅速。詹森维尔实施授权管理的主要表现是由现场工作人员来制定预算。刚开始，现场工作人员是在财务人员的指导下完成预算工作。后来，现场工作人员可以独立完成预算工作，财务人员仅仅负责最终把关。在自行设计的预算计划指导下，现场工作人员可以组织设计生产线。如果需要添置新设备，他们还会在提交的报告上附一份自己制作的现金流量分析，用来论证增加新设备的现实可行性。实施授权管理之后，企业的经营形势非常喜人，销售额逐年递增。

詹森维尔公司通过授予工作人员自主制定预算的权力，充分调动了现场工作人员的工作积极性，极大地促进了企业的经营收益与持续发展。

值得注意的是，管理者在授权过程中要给予员工充分的信任，切忌稍有偏差就收回权力。"用人不疑"，授权者要对被授权者给予充分的信任。如果后者感到自己不被信任，那么他会不自信，认为自己被轻视或者被抛弃，由此产生愤怒、厌烦等负面抵触情绪。而一旦产生这样的情绪，即便是自己应承担的责任也可能被他们疏忽。

但是，管理者实施授权并不等同于彻底放权。为了保障企业大局的平稳状态，管理者也要考虑对权力的平衡与制约。

一次，华为的一位技师与生产组长发生了争吵。任正非知道此事后，仔细了解了事情的经过。原来，华为当时新开发了一款交换机。技师认为，新的交换机应该在换频案板上加上一个自动控制钮；而生产组长认为这是多此一举，交换机一旦使用，就很少有人会去手动调控。

任正非认为两人说的话都有一定道理：一个人是从机械结构考虑，追求设计结构的科学合理；另一个人是从实际操作情况考虑，实战经验丰富。两人的初衷都是设计出更完美、更实用的新交换机产品。而根据华为公司的授权规定，两人又都有修改产品生产工艺的权力，那么，究竟按照谁的想法来设计工艺流程呢？

后来，任正非想出一个两全其美的办法：把两者的权责做进一步划分，在公司原有部门之外增设开发部，由这位技师负责组织从事产品改进方面的研究。如此一来，产品开发部与生产小组二者处于分权并立的状态,不仅不存在冲突,还可以相互扶持。

从结果角度来说,制约是一种四两拨千斤的企业管理平衡技巧。在授权的同时,管理者宜保留一定的制约权,确保在企业内部出现权力分歧时,高层管理者在第一时间里做出恰当的调整措施,维系企业的健康运营。

2. 选好督导时机,既能掌控全局,又能节省管理成本

很多任务目标之所以未能实现或出现延期实现,可能是因为管理者在授权过程中督导不力。比如,员工的工作进度突然放缓,而管理者仍在关注技术细节和结果;员工遇到难题无法解决,而管理者却对工作进度问题紧抓不放,这都是非常危险的管理行为。管理者必须纠正这些错误的做法,确保任务在授权与督导下高效完成。

在实践中,企业管理者可以根据目标计划中的时间节点设计督导方案,确定督导动作发生的时间点,进而及时掌握任务落实的进度和质量,了解员工履责状况;一旦发现问题,及时给予支持与帮助。

2006年,华为为葡萄牙最大的私营企业Sonae和法国电信合资的电信企业Ptimus,实施其UMTS项目。按照项目计划,华为在这一年的建设量是10个月内完成500多个基站,第一阶段需在一个半月内完成全部基站数量的30%,其中包括80多个现网基站的搬迁工作,并完成其余基站的新建工作。尽管该项目的交期紧、任务重,但华为工作人员按时完成了第一阶段所有的基站搬迁工作以及新基站建设工作,高峰期甚至达到了每周建设40多个基站的工作量。工作人员称,华为在开展交期紧的项目时,必然会重点监督目标执行进度,实施严格的节点控制。而且他们还会对关键环节或工序设置督导节点。管理者在督导过程中,对这些关键环节或工序实施督导,这样既保证了质量监督到位,又节省了全程监督耗费的时间。

还有一种较为理想的管理机制是：预先设计一套工作汇报程序，员工按照程序要求及时汇报自己负责的工作情况，以便管理者及时掌握工作进展与异常情况。不过，这种管理方法对员工行为主动性的要求相对较高。

3. 发现履责偏差，有效处理偏差，给予必要指导

执行偏差通常是指工作质量未达标准、进度落后，这会给任务目标的圆满实现带来极大的障碍。管理者在督导过程中，如果发现有导致执行偏差的情况要及时分析，并高效处理。

（1）质量问题分析与调整

质量问题包括已发生的质量问题和潜在的质量问题。潜在的质量问题，是指因员工工作方法不正确，或材料技术问题而对当前任务质量可能造成威胁，但还没有发生的问题。对于此类质量问题，管理者可指派专人进行辅导。

而对于已经发生的质量问题，管理者要组织相关人员进行深层原因分析。这里推荐鱼骨图分析法。鱼骨图分析法步骤如下：

①找出需要解决的问题，将这个问题写在鱼骨的头部；

②确定导致问题发生的主要原因，通常从"人事时地物"层别进行选择，要在描述时选用中性词汇（不说明好坏）；

③组织员工一起进行脑力激荡，尽可能多地找出问题发生的可能原因，以价值判断的形式进行描述（如操作方法不当）；

④将找出的各个原因进行归类、整理，明确其从属关系，在鱼骨上标出；

⑤根据问题，进一步研究产生上述原因的深层原因，连续问五次；

⑥列出产生这些问题的原因，并想出至少15种解决方法。

在识别出责任落实过程中出现的偏差后，管理者应积极采取解决方法，保证任务保质、按时完成。一般而言，管理者可以收集大量数据、资

料，甚至工作中的事实、意见、构思等信息，按其之间的相互亲和性（相近性）进行归类、合并，以便于大家从复杂的现象中抓住实质，找到解决问题的切实方法，这也被称为"亲和图法"。亲和图法的实施步骤如表4-3所示。

表4-3 亲和图法的实施步骤

步骤	说明
1.准备	主持人和参会者为4~7人。会前根据与会人员数量，准备好白板、白板笔、卡片、大张白纸、文具等
2.开会	采取头脑风暴法召开会议，主持人请参会者提出30~50条设想，并将设想逐一写到白板上
3.制作卡片	主持人和参会者协商，将提出的设想概括为短语或短句，写在卡片上。每人写一套卡片——这些卡片即为"基础卡片"
4.分成小组	参会者按自己的思路，把相同属性的卡片归在一组，添加恰当的标题，并用黄色笔写在一张卡片上，此为"小组标题卡"；对于难以归类的，则自成一组
5.并成中组	将每个参会者所写的小组标题卡和自成一组的卡片全部放在一处。经参会者共同讨论，将内容相似的小组卡片归在一处，再设计一个恰当的标题，用蓝色笔写在一张卡片上，此为"中组标题卡"；对于难以归类的，则自成一组
6.归成大组	会议讨论后，把中组标题卡和自成一组的卡片中内容相似的归纳成大组，再为其添加恰当的标题，用红色笔写在一张卡片上，此为"大组标题卡"
7.编排卡片	按照隶属关系，将所有卡片贴到事先准备好的大纸上，并通过线条将彼此关联的卡片连接起来
8.确定方案	将所有卡片分类处理后，即可暗示出解决问题的方案或设想。而后再行讨论或由专家评判，最终确定最佳方案

确定解决方案后，应立即付诸实践，同时将讨论得出的解决方案进行整理并归档。

（2）进度偏差分析与调整

在任务实施过程中，管理者应及时了解责任的落实或任务的完成进度情况；一旦发现进度偏差后，应及时分析该偏差对后续工作和对总任务工期和责任落实效果的影响。进度落实情况的分析如表4-4所示。

表4-4 进度落实情况的分析

分析内容	处理说明
分析进度偏差的工作任务是否为关键工作任务	如果出现偏差的工作任务为关键工作任务，那么无论偏差大小，都会对后续工作及总工时产生一定的影响。所以，对此类问题必须采取及时有效的调整措施 如果出现偏差的工作任务并非较为关键的工作任务，则可以根据偏差值与时差的情况，来确认其对后续工作和总工时的影响程度，而后再设计恰当的调整措施
分析进度偏差是否大于总时差	如果工作任务的进度偏差大于该工作的总时差(不影响总工期的情况下该工作拥有的时差)，那么这一偏差必然影响后续工作和总工时，此时必须采取调整措施 如果工作任务的进度偏差小于或等于该工作的总时差，那么这一偏差对总工时的影响不大，但对后续工作任务的影响程度则需要根据比较偏差与自由时差（在不影响后续工作的情况下拥有的时差）情况来判断，而后再考虑如何采取调整措施
分析进度偏差是否大于自由时差	如果工作任务的进度偏差大于自由时差，那么这一偏差将对后续工作产生影响。此时，要根据后续工作所允许的影响程度来确定具体的调整方法；如果工作任务的进度偏差小于或等于该工作的自由时差，那么这一偏差对后续工作就没有影响，因而无须调整原进度计划

经过上述分析，对存在进度偏差的工作任务进行确认之后，即可采取针对性的调整措施，设计契合计划目标要求的新进度计划。在得到准确的进度分析结果的基础上，管理者可以采用以下两种方法来对原进度计划进行调整。

方案一：改变部分任务之间的逻辑关系

如果某些任务的实际进度偏差影响了总工期，那么在工作任务之间的逻辑关系允许改变的条件下，宜考虑改变相关工作任务之间的逻辑关系，以缩短总体工期。比如，将按顺序进行的工作任务调整为并行作业模式即可缩短总工期。

方案二：缩短某些工作任务的运作时间

除了改变部分任务之间的逻辑关系之外，还可以缩短部分工作任务的持续时间，加快后续作业的进度，从而确保总工期。这些时长被压缩的工作任务是指那些因进度拖延而导致总工期被延长的工作任务，同时从员工能力角度去评估的话也可以缩短工时。

四、有效控制工作不良，激发个体的责任与效能感

人们在工作推进的过程中难免会遇到问题，此时就应该积极解决问题，这是一种正常的逻辑思维。但并不是所有人都会在第一时间里去着手解决问题。这实际上是人们与生俱来的一种本能在发生作用，这种本能被称为"趋利避害"。它的意思是说，人们总是倾向于采取一定的措施，去争取获得更多利益，或避免有损自己利益和安全的情况。在这种本能性心理因素的作用之下，任何工作不良现象（问题或失误）都是人们不乐于见到的现象。有一种最常见的现象：很多人在工作推进过程中出现问题时，会视而不见，推迟处理问题，于是问题被留到了下一个环节去处理，而在此过程中，问题被持续发酵，处理起来更为困难。

戴维·梅尔是丰田生产方式训练师与推广者。在一次提供顾问咨询服务时，他遇到这样一件事：当时，梅尔在观察最后一条汽车组装线，他发现驾驶副座下的地毯上存在一条开裂的缝隙。他的身边正好有一位督导人员，他认为应该马上找个方法让生产线暂停。但是，那个工厂并没有一条可以拉动以发出信号的"绳索"（丰田公司称之为"安灯绳"），所以，他向那位督导员进行示意并等候督导员的回应。然而，那位督导员确认地毯开裂现象之后，竟然没有做出任何反应。梅尔既着急又困惑，问督导员应该怎么做。督导员回答说："这个问题会在修理区得到解决。"梅尔问："那我们是否应该寻找问题的根源，避免再出现同样的问题？"督导员回答道："他们可能已经知道了。"听到督导员这样的回答，梅尔感到前所未有的焦虑。

毫无疑问，这个问题如果继续发展下去，后果将是非常严重的。因为，如果问题发展到修理区才去解决，这意味着在这个作业环节中已经做好的许多汽车内部装饰都必须拆除重装。这种大修理会浪费更多的成本，而且大修后的汽车和原始作业完成的汽车质量是相去甚远的。在最初组装期间，如果督导员能够在发现问题时及时反映问题，并着手处理问题，那么完全可以避免很多不必要的返工工作。

基于这种考量，企业管理者应引导员工极为重视工作中出现的问题或可能造成的失误，针对各类可能出现的问题而自主设计预控方案，做到一旦发现问题就能够及时地采取解决措施。

1. 及时组织解决问题，并提供必要的资源支持

在现实中，很多工作的处理是极为讲究时间和效率的——用"分秒必争"一词来形容也不为过。基于此，一些员工担心一些小问题的处理过程会影响整体工作进度，于是故意忽略这些问题，暂不解决。

让工作暂停虽然可能会导致部分停工损失，但是问题延迟处理可能造

成更严重的情况，导致出现更大的时间、成本的浪费，继而使企业蒙受更大的损失。俗话说："磨刀不误砍柴工。"如果将所有问题都提前解决，反而可以更快、更好地工作。

而很多员工虽然明知这个道理，但在发现问题后却隐瞒不报，其中一个重要原因就是：担心自己将问题上报之后，无法得到足够的支持资源，反而可能因出问题而被处罚；或者"给自己挖坑"——部分管理者会将问题解决的任务直接交由问题发现者，而完全不考虑这位员工是否有足够的能力和资源去解决这个问题。事实上，管理者应该提前考虑清楚此类问题的处理方法，如何安排任务以及如何给予支持，从而让员工心甘情愿地接受问题处理的责任。

相比之下，日本丰田公司在发现问题和处理问题方面采取的方式是非常值得借鉴的。

在日本丰田公司的任何一个工厂中，几乎所有机器都安装了自动停止装置，如定位停止装置、质量保险装置等。一旦出现机器设备异常或产品质量缺陷，这类装置便会使生产线或机器自动停止工作，直到技术人员处理完异常或缺陷之后再重新开始生产。如此一来，便可以杜绝生产过程中出现过量的无效劳动，将不合格品生产量控制在最低范围内。与此同时，丰田公司还制定了一套支持性机制，为人们暂停生产、高效解决问题而提供各种支持工具和资源。

事实上，当员工知道"如果自己发现问题后，可以从企业或管理者那里获得支持，而不会被惩罚"，那么他们通常会积极主动地去解决问题。

2. 针对各类不良问题，设计预控方案

当各类不良问题发生时，人们往往会手忙脚乱、不知所措。但是，如果人们已经熟知一套预控方案的全部内容，甚至预先做过演练，那么在遇到实际问题时,便可以做到胸有成竹、有条不紊。一般一套完整的预控方案应明确以下方面的内容。

(1)预控方案设计的目标

设计预控方案的基本目标在于提升人们在问题防范和应对方面的能力,控制问题发生的频率,弱化和消除问题造成的负面影响。

(2)处理不良问题的主体及其责任

针对可能出现的各类问题,设置负责问题处理的关键部门或人员,力求事务处理责任无遗漏或重叠的现象。

(3)不良问题可能造成的损害程度

这些损害可能造成较为确定的经济损失,也可能不会造成经济损失,但会存在无形伤害。

(4)自己所掌握和可调控的资源

这里所说的资源是指各种有形的或无形的资源,如人员、物资、信息等皆属于资源范畴。预控方案中应明确哪些资源处于哪些人的调控能力范围之内,哪些资源是可以通过其他组织或人员来获得的。

当这些内容都明确后,员工们在遇到突发不良问题时,便能沉着应战、高效处理。

3. 鼓励员工参与管理,主动建言献策

还有一种更理想的企业管理状态是:让员工参与到"问题发现与不良预控"的过程中,通过群策群力,做好各类问题的预控工作。这种做法会大大激发员工个体的责任感,使其积极地贡献自己的力量。

在西南油气田公司里,有一张专门管理员工建议的网——这张"网"负责提出建议、收集建议、整理建议、筛选建议、论证建议并最终实施员工建议,公司员工不会因"人微言轻"而导致其提出的建议"石沉大海"。2004年,西南油气田公司在一年里征集到1800多条由员工提出的建议,其中有360条建议被公司采纳。这些建议在后续的生产运营中为企业创造了丰厚的效益。例如，有一位员工提出了"关于降低卧龙河气田卧北干线生产压力的调度方案"的建议，该建议被采纳并实施后，在一年内为企业增产天然气66亿立方米。

为了鼓励员工持续提出积极建议，西南油气田公司专门针对这些建议进行评选，对"优秀合理化建议"予以表彰、奖励。该公司这种"不让员工建议成空议"的做法，既让员工的心感到温暖，又有效遏制了企业的潜在问题。

在任何企业中，企业管理都不应该是单纯的管理者层面的辛苦战斗，而应是所有员工的积极参与、合力担责、奋勇作战，这种全员履责的管理模式是一种更具能效的管理模式。

第五章
合作为王,打造良性的组织协同战斗状态

对大多数企业而言,依赖某位领袖或优秀个体的杰出能力取胜的个人英雄主义时代已经过去。如今这个时代,是一个需要人们借助集体或团队的力量,以合作为关键手段来寻求企业整体发展的时代。唯有那些处于良性的组织协作战斗状态的企业,才有机会占据领域制高点。

一、唯有方向一致，才能形成最大的组织合力

企业管理就好似所有人一起划一艘大船，只有大家目标一致、心往一处想、力往一处使，才能让合力效果最大化；否则，必然使企业因彼此掣肘而处于较为僵化的运作状态。

1. 目标方向不一致，必然导致企业内耗

长期以来，无数管理者都在鼓励员工充分竞争，尝试通过这种手段创造更佳的管理效果。然而，让管理者懊恼的是他们更频繁地看到企业内耗现象——企业或部门内部的人力、物力等出现过多的、无谓的资源消耗。事实上，无论是哪种形式的内耗问题，都只会凭空消耗团队的内部能量，有害无益。曾经发生在英特尔的下面这个事件就是一个很好的佐证。

在英特尔的一次分公司人员调配之后，部门主管杰克把销售员约翰调到了一个业绩一般的小组。约翰对这一调动非常不满，认为是部门主管因嫉妒自己的能力而故意调走自己的。所以，约翰到新小组之后，每天工作时毫无热情、心不在焉。

有一天，一位重要客户打电话给约翰，请他转告主管杰克次日参加业务洽谈会——这个洽谈会非常重要，关系到公司的一大笔业务。约翰觉得这是报复杰克的一个好机会，所以他决定隐瞒这件事。第二天下午，杰克将约翰叫到自己的办公室，严肃地对他说道："如果今天早上客户没有再次打电话催我去开会，那么公司将失去上千万元的业务。你怎么不将开

会的事情转告我？我一直觉得你平时的业务表现不错，所以把你调到销售部让你有机会历练一下。但是，你非但不与我沟通，反而找机会报复我。你毁掉的不是我，是公司的集体利益！现在，我不得不告诉你，你被解雇了。"

英特尔分公司针对这件事情，专门召开了一次会议，倡导员工之间密切合作、有效沟通、减少内耗，一起为企业做出更多贡献。

企业是一个集体，只有身处集体中的每个人密切合作，才能推动整个企业的发展和企业中每个人的进步。在英特尔的这个案例中，主管杰克和销售员约翰都存在沟通协调不当的问题——杰克未与约翰明确说明自己进行人员调动的初衷，约翰也没有针对不满进行反馈，而是选择了报复，二者的合作不力造成了不必要的企业内耗。

那么，到底是什么原因导致这一内耗现象呢？其实，不仅在英特尔，在其他很多企业中也存在这种情况——一些部门管理者或员工只注重凸显自身的能力和实现个体目标，而不顾及整个企业的目标，在实践中自以为是，拒绝沟通，于是出现了个体努力方向与企业目标方向不一致的情况。

2. 保持目标方向一致，为实现目标而各尽其力

确保目标方向的一致性，首先，要设计目标，即让企业目标与员工目标在设计之初保持一致的方向；其次，从行为实现角度，确保行为目标方向在现实中的一致性。

（1）管理者有意识地激励员工发挥自己的能力

李翔与王刚两人就职于同一家公司，都担任研发组组长职务。两人负责的研发主题有所差异，但基本工作流程和要求差不多。

李翔个人能力强，在组长——基层管理者的位置上表现得非常积极，凡事亲历亲为。但是长期下来，他感到非常疲惫。而小组组员的工作虽然

相对轻松，但他们也并未多开心——因为小组长把大部分工作都做完了，相当于在否定他们的能力，所以整个研发小组的士气非常低落。

王刚的个人能力也不弱，但他非常清楚自己在工作中该做什么和不该做什么。与李翔相比，他轻松得多。在安排研发任务时，他会向小组成员说明任务内容、工作要求，然后放手让小组成员去做。如果小组成员需要帮助，他会适当地讲解工作方法，给予一些指导。这样小组成员的能力也得到了培养和提升，所有人都充满了工作热情。当然，也有一部分事情需要他亲力亲为，比如研发主题和研发方案的设计。在王刚的带领下，该小组的业绩颇佳。

著名CEO杰克·韦尔奇曾说过："要实施成功的管理，管理者不应一个人唱独角戏，而是要让大家一起唱，要牢记集体的力量。"企业管理者只有充分调动员工的工作积极性，才能把企业成员拧成一条有力的绳子，让大家共同发力于一点，从而创造出更好的成果。

（2）企业全员遵行"互助共赢"的行为原则

在规划与协调企业内部员工的目标时，应严格遵循一个基本原则：互助共赢。

互助共赢是指企业全体内部成员之间能够以互相帮助、达成共赢为目标，来分配任务、协调工作关系。在企业中，如果仅仅是单一方面的利益或资源获得，那意味着其他方面的利益或资源受到损害，长此以往必然导致企业内部关系恶化、矛盾冲突频发，极不利于企业规范有序管理的实现。为此，企业内部成员在建立合作关系之初，便应考虑如何让所有相关利益者都能参与企业管理与运作，主动提出自己的积极建议；然后，再由高层管理者组织所有人一起来平衡彼此之间的利益关系，最终设计出方向一致、合作共赢的行动目标。

二、规范合作模式,确保企业内部配合顺畅

麦当劳公司创始人雷·克洛克曾说过:"一支团队的力量永远大于一个人的力量。"虽然麦当劳公司的员工年龄跨度很大(员工年龄从18岁到45岁皆有),每个人的性格和特点也存在很大差异,但每一位员工都懂得一个道理:只有人与人之间互相信任、互相配合,才能形成积极融洽的工作氛围,为顾客提供始终如一的优质服务。

为了确保人们在行动时也能保持一致的方向,表现出规范的合作行为,企业管理者必须建立一套科学的鼓励模式,确保每个人各司其职,各环节都协调到位。一般这样一套管理模式应覆盖以下几方面内容:互补型员工的选用匹配、合作与协调机制建设、主动补位。

1. 以互补为原则,精选并科学匹配员工

要确保员工之间呈现互补状态,可以从员工的特长、技术、角色、性格、业务、关系等方面来选择互补的类型,安排具体的工作与任务,具体如表5-1所示。

表5-1 互补的类型

类型	说明
特长型互补	按员工个体特长的差异进行互补设计,如让擅长言谈的员工去做销售工作,让做事细致的员工从事管理工作,让爱较真的员工从事质量监督工作

续表

类型	说明
技术型互补	按技术表现的差异进行互补设计，如让思想活跃的技术人员从事产品开发工作，让思想稳定的技术人员从事工艺服务工作
角色型互补	按角色需求的差异进行互补设计，如总经理、营销部经理一般充当"红脸"角色，生产、财务、管理部门经理则充当"白脸"角色
性格型互补	按员工性格的差异进行互补，如让外向型的人员从事营销、管理工作，让内向型的人员从事财务、研发之类的工作
业务型互补	按业务分工的差异进行互补设计，如建立营销、制造、采购、管理等不同的业务部门，由此构成一个完整的企业
关系型互补	按关系的实际情况的差异进行互补，如让与市场联系紧密、善于与人建立关联的员工负责营销等方面的外界管理，让"人缘好"的员工负责内部关系协调等方面的工作

2. 建立一套科学的合作与协调机制

如果企业能够建立一套科学的合作与协调机制，那么会让团队成员的合作与协调行为有据可依，成员之间的配合过程更为顺畅。这样一套合作与协调机制应该包括以下几方面内容。

（1）明确的配合关系

每位企业成员通过分工而得到的任务安排，要么是同等重要的，要么是有轻重缓急之分的。而不论属于哪一种情况，都应先确立企业成员之间的配合关系，比如在企业成员协力生产产品的过程中，下一环节是上一环节的"客户"，而上一环节则是下一环节的"供应商"，这样便确立了彼此间的关系。

在自然界中，狼群捕捉猎物的方式将这种配合关系阐述得非常形象：在确定猎捕目标后，狼群马上就位。头狼仰头一呼，主攻狼冲锋在前，全神贯注捕捉猎物，而佯攻狼、助攻狼和后备狼为主攻狼服务——佯攻狼假装冲锋，助攻狼蓄势待发，后备狼以嚎叫为打前锋的狼助威。所有狼都受头狼指挥，视目标变化而调整行动。

在团队管理中，管理者也应预先明确这种配合关系，让每一位员工都能明晰自己对他人或他人对自己的任务的关系，由此形成一种领导与从属的关系，避免出现彼此对立对抗的情形。

（2）明确的任务对接关系

明确企业成员之间的任务对接，是指明确每一位企业成员的任务如何与其他员工的任务实现对接，以便有效地传递自身任务以及建立有效沟通和反馈。而阐明这种对接关系的最好办法就是建立工作流程，以流程演示人们之间的关系状态，如图5-1所示。

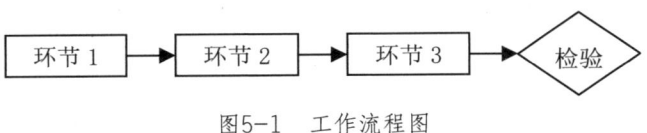

图5-1　工作流程图

在图5-1中，环节1与环节2对接，环节2要将工作进度及时告知环节1，环节1了解后迅速调整自己的工作进度，保证准时向环节2输送恰当数量的工作成果。有时一位员工的对接对象数量可能不止一个，管理者可以在工作流程图上表示出来。下面以人员培训任务的对接为例进行说明，如图5-2所示。

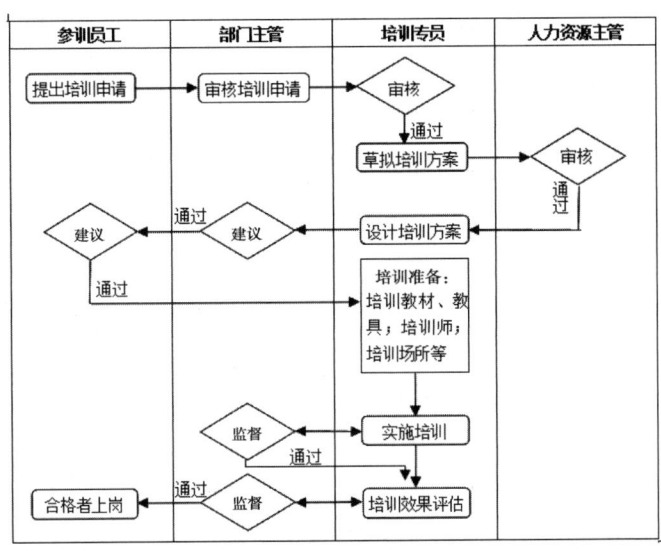

图5-2　人员培训任务对接说明

从图 5-2 中可以看出不同人员之间的任务对接关系。如果员工之间的合作关系相对复杂，那么可针对具体事务设计工作流程图。这样一来，不仅能够明确各企业成员之间的任务对接关系，还能清楚描述每一位企业成员的任务。

（3）正式签署《协作工作责任书》

除了让员工明确任务内容外，企业管理者还应让每一位成员明确自己的具体责任，即所要承担的后果。在实践中，管理者可以组织企业成员签署《协作工作责任书》，破除企业成员之间的"协作困难"问题，不断强化员工的责任意识，激励和强化员工的协作行为。

协作工作责任书的内容可以从以下六个方面进行设计：员工在进度与质量方面应达到的目标；不同任务之间的对接关系；不同成员之间的协作方式；人们在协作中应呈现出怎样的状态（或者说什么样的协作算是合格的协作）；出现异常协作情况后，可采取什么样的协调方式；对于协作行为可以采取怎样的奖惩，其依据、标准、办法分别是怎样的。

3. 强化员工补位意识，同时确保不越位

通过树立员工的补位意识，可以有效培养员工的合作意识和习惯。"补位"一词原本是足球比赛中的专用术语，意为足球队员之间要相互照应，当队友来不及撤退防守时，其他队员要及时补上队友的位置。而企业中的"补位"是指企业成员之间互相帮助，当某个人或某个环节出现问题和漏洞时，其他人会立即补上，从而确保企业业务与日常工作的顺利推进。

在企业管理工作中，管理者要强化员工的主动补位意识，使员工养成补位的好习惯。对此，管理者可以从以下方面入手。

（1）打破员工边界意识

员工分工的不同，会制造出不同职能和领域间的水平边界。而如果员工的边界意识太强，那么他们只会以实现职能范围内的局部目标为重，却并不重视企业整体目标。这样当其他企业成员在工作中出现空位、缺位情况时，就没有人会主动补位，由此影响了企业整体目标的实现。

事实上，无论是一个企业，还是一个部门，都属于一个团队，只是规模大小有所不同而已。在必要时，团队成员应该抛开岗位职责的拘囿，主动进行补漏、补差。为了实现这一点，管理者要引导员工打破边界意识，使员工不仅履行好自己的职责，还能主动帮助其他员工，及时补位，主动贡献自己的智慧和力量。这种积极的合作意识会使企业的整体能力超越单一员工的个人能力，发挥更大的整体优势。

（2）把握补位时机

虽然员工已然意识到补位的重要性，但他们并不一定明确在哪种情况下是需要采取补位行动的。一般出现下列情况时，应积极采取补位行动。

①当关乎企业形象的问题发生时，员工应及时补位。当工作中出现会影响到企业整体形象的问题时，员工应及时采取补位行动，以维护企业的良好形象。

在一家手机专卖店里，客服人员小张正要带领一位客人去兑换奖品。此时，恰巧来了一位客户，要求更换一部新手机，因为他前一天刚买的手机总是不明原因地重新启动。小张极有礼貌地向这位兑换奖品的客人说明了情况，并请他稍作等候。

不一会儿，客服人员小王走进店里，这位兑换奖品的客人主动向她说明了情况。但是，小王此时心想："这是小张的客户，我完全没必要多费心力去为她的客人提供服务啊！"于是，小王对客人说："您再等一会儿吧，刚才接待您的那位客服人员会来帮您处理的。"

客户听了小王的推托之词非常恼火，说："我是在你们这里买的手机，又不是从某个客服人员那里买的手机，你这是什么服务态度？我要找你们经理，退货！"

在这个事件中，小王以"不是自己的客户"为由，拒绝为客户提供服务，直接导致客户产生不满情绪。像前文中英特尔的销售员约翰也是如此。在这种情况下，员工首先应认识到：即便是自己分外的工作，也应及时补位，以维护好企业的整体形象。

②当出现紧急突发事件时，员工应及时补位。当今市场竞争激烈，即使企业分工再明确，也可能出现一些意外，或是某些员工无法胜任的事务。这时，就需要其他员工具有补位意识，想他人所未想，承担起他人无法胜任之事。

李安是一名专门负责打扫废铁屑的清洁员，自工作后的一年里，他一直勤勤恳恳地重复着这种简单而辛苦的工作。2000年，公司大量订单被退回，原因是产品质量问题频发，公司因此遭受巨大经济损失。为了挽救公司的局面，公司紧急召开会议。这时，李安提出了一份非常优秀的解决方案。

原来，李安在工作过程中并未局限于简单地扫铁屑，他还细心观察了各生产部门的生产情况。他发现，公司产品生产中存在一些影响突出的技术问题，并考虑了相应的解决方案。而结合他曾经做过的相关数据统计，他为公司提交了一份非常合理、实用的产品改造方案。

李安获得成功的关键即在于，他在做好自己工作的同时，还能积极观察、学习，并在公司发生紧急事件时做出及时补位动作。

③对于没有明确责任人的工作，员工应主动补位。在企业管理实践中，部分工作并没有被明确设定负责人员。对于这种情况，就需要员工具有较强的责任意识，在必要时主动补位。比如，孙晓（化名）是一家企业的普通职员，平时负责收发文件。当企业里出现一些无具体负责人的工作任务时，其他同事总是尽可能推卸，不愿意揽责任上身；而孙晓却会尽己

所能，主动完成这些工作，使企业不会因这些工作影响了正常运作。

④对于原则性的工作，员工应巧妙补位。当其他员工的本职工作出现缺位时，切忌大包大揽地代替他们解决问题，这种补位行为反而会助长他人懈怠懒惰的工作作风，且损伤企业内部协作氛围。在这种情况下，最好的做法是提醒他们工作的不足之处，巧妙地为其补位。

⑤对于服务性的工作，员工应及时补位。在服务领域中，常常出现多位客户同时发出服务需求的情况，一位员工往往难以同时应对。为了确保客户服务的及时、周全、到位，企业管理者或其他员工应随时补位。

希尔顿饭店酒吧被划分为四个区，每个区仅有两名服务员。要想做好客户服务，这两名服务人员必须做好及时"补位"。在希尔顿饭店酒吧，主要涉及三重补位。一是两名服务员在自己负责的服务区域内互相补位，做好"三勤"——勤走动、勤巡视、勤观察。二是两名服务员中的一名服务员兼顾周围其他区域的服务，弥补临近区域可能因忙碌而出现的疏漏；对于自己的熟客，则会跳出分管区域的界限，主动与客人打招呼、听取建议、询问服务需求。三是由领班、主管和部门主管等各级管理者进行补位。通常，各级管理者主要负责现场管理，并不局限于某个具体的岗位，但如果现场服务出现缺位时也要及时做好补位动作。一旦发现问题，绝不使问题在客人面前暴露出来，而是在无声中预先补位；待事后再在班前会和班后会（各10分钟时间）上指出问题，提出解决良策。

当然，人们在主动补位过程中要注意把握分寸，不随意越位。"越位"是指站到了不该站的"位置"上，承担了别人应该承担的任务。越位行为会导致团队成员之间产生矛盾，彼此猜疑。而"补位"则是经过组织许可的越权行事，其目的是维护全局利益。在工作中，每个人都要掌握好分寸，做好及时补位动作，但又要确保不越位。

三、提升员工的参与感，逐一化解管理阻力

在企业管理中，很多管理者都苦恼于一件事：在开展某个新项目或在某方面实施改进时，往往会遇到来自员工的层层阻力。事实上，员工之所以呈现出"不合作"状态，是因为其对这些事情存在抗拒心理。从本质上来说，这种心理是源于员工对决定开展该项事务的参与感不足。这意味着：要想让员工心甘情愿地投身于企业事务中，在没有任何监督的情况下也能持续奋斗，可以考虑提升员工的参与感。经实践验证，以下几种方式可以有效提高员工参与感，如允许自主选择、创造施展所长的机会、打造事业共同体。

1. 通过自主选择，提高参与感与责任感

员工是主动选择还是被动接受，其产生的行为后果是完全不同的。企业中那些经常主动表态或提出自己想法的员工，在具体执行时的态度表现都较为积极；而那些未表达自己想法的员工，其具体执行时的积极性则普遍不高。这是主动选择和被动选择所产生的行为差异的印证。

心理学家兰格和罗丁曾在康涅狄格州的一家疗养院中组织过一项实验，用以验证选择权是否能够给人们带来自我责任感。

这家疗养院共有4层，住在该疗养院里的老人的健康状况都是相近的。其中，住在四楼的老人（男8人，女39人）接受了"责任感提升"的训练，住在二楼的老人则被作为对照组（男9人，女35人）。兰格、罗

第五章　合作为王，打造良性的组织协同战斗状态

丁与一名管理人员确定了一些必须做的事情之后，这位管理人员分别给两层楼的老人召开了会议。

"责任感提升"组（住在四楼的老人）得到的信息是：

（1）"你们可以自己决定房间的设施布置——无论是希望它保持现状，还是希望工作人员帮你们重新布置……你们有责任让我们知道你们的意见、你们想做的改变以及你们希望做的事情。"

（2）"我们想利用这个机会送给你们每人一份由阿登屋疗养院准备的礼物。你们想要植物吗？你们可以选择一种自己喜欢的植物。"所有老人都为自己选了一盆小植物。"现在，这些植物是你们的了，请你们照顾好它们。"

（3）"还有一件事，下周四和下周五的晚上我们将放映一场电影。如果你们想看的话，请在两天之中选择一天。"

而对照组（住在二楼的老人）得到的信息是：

（1）"我们会努力为你们创造一个幸福的家，我们将尽全部力量在各个方面帮助你们。我们希望你们居住的房间尽可能舒适，并且我们也尽力做了安排。"

（2）"我们想利用这个机会送给你们每人一份由阿登屋疗养院准备的礼物。"随后，护士端着装有小植物的盒子，给每位老人发了一棵小植物。"护士会每天帮你们照顾这些小植物。"

（3）"下周四、周五的晚上我们将放映一场电影。稍后会通知你们哪一天去看。"

住在这两层楼的老人所获得的信息是存在差异的：住在四楼的老人自主决定做哪些事，住在二楼的老人则由疗养院决定他们要做哪些事。

后来，兰格和罗丁发现：在责任感提升组中，93%的老人的快乐度、机敏度、依赖性、社交能力、活力等方面的水平状况大大提升；而对照组只有21%的老人的情况朝着积极方向发生改变。由此，兰格和罗丁得出结

论：自主选择权会给人们带来自我责任感、生活控制感，这会让人的生活态度变得更积极。

这也给企业管理者一个启示：好的企业管理并非采用强制命令来要求员工做出预期行为，而是让员工在自主选择的过程中积极参与企业管理，由此激发员工的责任感和工作成就感，提升其主观能动性和工作热情，使之更乐于为企业做出合作型行为。

具体到实践方法上，管理者可以在日常管理中向员工征询意见，以此来激发员工的参与意识；而对于员工来说，如果自己提出的意见被采纳并计划落实，那么员工在施行时会呈现出更合作的态度和行为。

一家小型加工厂接到了一个大订单，但是订单约定的供货时间较短。如果工厂想要按期交货，必须组织员工加班赶工期，但这又可能引起员工的不满。厂长对此感到非常为难，后来他想出一个办法。厂长召集所有员工开了一个讨论会。在会上，厂长告诉员工们，如果大家能够按时完成这个订单，那么月底每个人都可以领到一笔丰厚的奖金。然后，所有人一起自由讨论是否有哪些办法可以提高工作效率。经过激烈的讨论，员工们提出了很多能够按时完成订单的好建议。最后，员工们将这些方法进行总结，选出最佳赶工模式，竟然提前完成了订单任务。

一位成功的管理者应满足企业成员的自我中心意识，让员工将自己视为企业的主人，通过让员工积极发表意见，使之参与企业运营管理。这时，员工不再是单纯的打工者，而是遵照自己的目标与意愿，为自己而奋斗的创业者，其主动性、合作性、责任感自然也随之而来。

2. 让员工有机会一展所长，人人都是人才

很多企业管理者总是质疑或者忽视员工的能力，以致埋没人才，这给

员工个人和企业都造成了极大的损失。事实上，如果管理者能够发现员工之所长，并能够为其提供一展所长的机会，那么员工便可以在工作过程中体验到主动参与所带来的乐趣，并对企业产生责任归属感。

在进入海尔公司之前，李和兴已经从事门体发泡工作12年。虽然他的工艺技术极为娴熟，但是他却一直从事体力劳动，每月领取微薄的薪水。进入海尔公司之后，海尔公司"人人是人才"的用人理念让他深深感受到了自己的能力被肯定。由于他在门体发泡模具调整中创造了杰出的业绩，海尔公司将其破格聘为技师，并给予发泡小组的领导权和对现有产品做出改善的权限。这使李和兴更积极地参与到企业管理与日常工作中。

每一位员工都是一块璞玉，海尔为有潜力的员工提供了参与管理和发展自我的机会，同时也给公司发掘和培养出了一大批储备人才。管理者要学会发现员工的优势能力，给他展示自己特长的机会，并使之认定这是一个值得自己努力付出的企业。

3. 建立合伙人制，打造事业共同体

中国经济学泰斗吴敬琏先生曾经说过，建设企业，用钱来收买人是最低级的，用企业文化吸引人是比较高级的，用共同的事业来打动人才是最精明的。其实，老先生的话正是对管理企业三重境界的通俗表达。合伙人制是把企业从管理者（或创业者）的事业变成了企业全员的事业，是让员工的利益与企业的利益绑在了一起，让员工与企业同生共死、唇齿相依。

事实上，万科、小米、阿里巴巴、华为等中国驰名企业虽然分属于不同行业，却都能在自己的领域有所建树，这与它们核心团队组建方式有着很大关系，万科的创始人团队"万科六君子"、小米的创始人团队"小米七龙珠"，以及阿里巴巴的创始人团队"十八罗汉"都不是通过雇佣方式组建的，而是通过"打造共同事业"的方式吸引来的——他们是企业的管理者、创造者，所以他们在企业创立与发展过程中，倾尽了自己的力量，由此保证了企业健康蓬勃发展。

非常值得称道的是华为，它并没有将"事业共同体"的范围圈定在几个少数的成员上，而是将所有对华为有贡献的奋斗者都纳入"事业共同体"。万科地产总经理郁亮在参观过华为公司之后感慨道："华为才像真正意义上的事业共同体人。它跟一些电信公司都有合作，员工都是股东，它现在有8万人的内部股东，它的虚拟持股，完全可以理解为是合伙概念。我们看合伙不合伙还有一个分别，最重要是看老大有多少股份。有的虽然内部持股，但大老板一人持有股份太大，在这种情况下，即使全员持股，我都认为这是一个内部公司。但如果大老板股份不太多，这时候全员持股，我觉得这个叫合伙公司。"

当然，事业共同体的建设是个循序渐进的过程。而从管理的角度讲，它的建设目的也绝不只是团结一小部分人，不只是让优秀员工更加努力，而是要团结所有人，让所有员工都成为能够为公司利益持续艰苦奋斗的奋斗者。

被誉为"日本经营之圣"的稻盛和夫认为，让全体员工都成为企业经营者，都能够获得企业的股份，可以充分调动起员工的工作积极性。因此，他坚决反对对立对抗状态的企业内部劳资关系，而主张设计和实施"全员参与型经营"战略。

在这个竞争空前激烈的时代，企业管理者所要做的不仅仅是明确"自己的事业是什么"，还应该让每一位企业成员都认识到"这个事业是大家的事业"，把这个事业真正地变成大家的事业。而全员参与的经营状态必然会让所有企业成员都拧成一股绳，为企业的持续发展创造出更强大的支持力量。

四、找准冲突的本质，从根源上维护和谐关系

企业内部矛盾是普遍存在的。而企业内的矛盾激化，必然会产生冲突。企业管理者只有通过多方调查、理性分析、找出冲突发生的本质，才能从根源上化解冲突，维护企业内部关系的和谐状态。

1. 找准冲突的本质，从根本上解决问题

冲突是矛盾激化后产生的表象问题，并不能全面、切实地反映出矛盾的本质。所以，企业管理者要追溯冲突发生的根源，查找矛盾激化的原因，这样才能从根本上解决问题。企业中产生冲突的根本原因可大致归纳为三类，即沟通差异、结构差异和人格差异。管理者可以一一对照，确认企业内具体冲突的发生可能出于哪些原因。

（1）沟通差异

沟通差异也称沟通不良，是产生冲突的一个重要原因。很多企业内部冲突都是人与人之间的沟通不良导致的。

宋涛是公司销售部的一名员工。不知出于什么原因，同一部门的同事辛芯总是故意在公共场合对宋涛含沙射影。起初，宋涛觉得大家是同事，忍一忍就"海阔天空"了。但让人意想不到的是，辛芯的态度反而越来越

恶劣，后来竟然接连抢走宋涛的好几位老客户。宋涛一赌气，向经理说明了此事。经理把辛芯叫至办公室，狠狠地批评了一顿。自此，宋涛和辛芯的关系进一步恶化。

如果宋涛刚刚感觉到辛芯对自己的态度时，及时与辛芯进行真诚沟通，事情可能并不会发展到如此境地。这种结果实际上便是沟通不畅所致——矛盾被进一步激化，冲突情况日益严重。一般沟通不畅可能出于两个原因：一是沟通的可能障碍，二是沟通的形态差异。

①沟通的可能障碍。每一位企业成员都是相对独立的个体，因教育文化、资历背景的不同，他们的受教育程度、能力水平、资历经验、个人素养等方面都可能存在极大的差异。这些差异会导致他们在对待同一项工作时持有截然不同的想法和态度。此时，如果他们未能及时、有效地沟通，便容易造成误解，最终甚至引发冲突。

②沟通的形态差异。沟通频率过多或者过少，都可能导致冲突。当人与人之间的沟通过多时，人们常常会突破防线，表露一些不该传递的思想内容，由此形成一种潜在冲突源；而人与人之间的沟通过少时，又可能造成信息传播的不顺畅，由此导致冲突。此外，诸如语义理解困难、沟通环境存在噪声等不良因素，也可能造成人与人之间出现误解，继而导致冲突。

（2）结构差异

因企业中的岗位角色要求、绩效标准要求、权力划分与资源配置等各方面存在差异，不同的主体可能站在不同的立场上，持有迥异的观点。这些立场和观点上的差异往往是企业中的纵向层次划分和横向职务分工导致的。因此，结构差异是产生冲突的一个更为重要的根源，二者的关联说明如表5-2所示。

表5-2　结构差异与冲突的关联

差异方面	关联表现
企业大小及专业化程度	随着企业规模的壮大，任务的专业化程度逐渐提高，个体分工也会越来越精细化，每一位员工都有明确的工作范围和界限，他人不可轻易越雷池半步。这时发生冲突的可能性会加大
员工目标一致性及管理风格	当员工的目标不一致时，企业成员之间可能为获得更多资源而产生冲突。而管理风格也与冲突的发生高度相关，比如，管理者在日常管理中鼓励员工提出不同的见解，那么发生冲突的可能性会大大增加（有时这种冲突是建设性冲突）
员工之间的相互依赖程度	员工间相互依赖的程度越高，冲突越不易发生；反之，员工之间的关联性越小，相互依赖的程度越低，冲突越易发生
立场或观点的差异	员工在绩效评价、劳动报酬、奖惩等问题上存在不同的立场或观点，这些都会导致冲突

（3）人格差异

每一位企业成员的社会背景、教育程度、经历及培训各不相同，具有独特的个性特点和价值观。这种人格差异有时会造成人们在合作和沟通上的困难，由此成为一些冲突发生的根源。

以个人特质及个性差异为例，有些人看到同事的第一眼就不太喜欢，此后一旦同事表达观点便会表示不赞同，甚至同事的一举一动都会成为其厌恶情绪的引爆点，冲突就这样出现了。再比如，价值观方面的差异对冲突的发生也会造成很大的影响——原本没有矛盾的两个人可能因个人价值观的不同而导致冲突。

企业内部冲突大多是基于以上原因而产生的。管理者在处理冲突时，不仅要看到冲突本身所显示出来的矛盾，还应进行广泛、深入的调查，掌握更多的冲突发生时的具体情况，从中仔细分析，找出冲突发生的根源。只有认清了冲突产生的根源，才能对症下药，有效地化解冲突。

2.识别冲突的发展阶段，采取针对性措施

企业内部冲突必然经历一个渐进式的发展过程。管理者要善于观察，发现企业中的潜在冲突,以便及时、准确地采取措施。对于企业冲突,管理者只有在充分了解其发展过程的情况下,才能更好地把握冲突走向,继而妥善处理。一般冲突要经历潜伏、被认识、被感觉、处理和结束等五个阶段。

（1）冲突潜伏阶段

潜伏阶段是冲突发展的萌芽期。在这个阶段,企业内已经存在一些导致冲突的必要条件,即前文中提及的沟通差异、结构差异和人格差异。在这个阶段,虽然双方可能尚未感受到冲突的存在,但冲突产生的条件已经具备了。而随着企业内外部环境的不断变化,处于潜伏状态的冲突可能会慢慢消失,也可能随时被激化。

（2）冲突被认识阶段

在被认识阶段,潜在的冲突开始被人们觉察到,并给冲突双方造成了轻微的情感压力。但是冲突双方尚未意识到冲突发生的实际影响,也不会对企业造成一些实际性损害。此时,如果能够及时采取有效措施,那么爆发冲突的可能性会大大降低。

（3）冲突被感觉阶段

在被感觉阶段,冲突往往已经给双方的情绪造成了较为严重的影响,并在内心里形成了"以某种方式从事工作和处理冲突"的行为意向。当然,每个人对冲突的感觉都是存在差异的,这与每个人的个性特征、价值观等因素息息相关。

（4）冲突处理阶段

在冲突处理阶段,冲突双方公开采取截然不同的处理方式,如逃避、妥协、合作等,来实现自己的愿望。对于不同的冲突类型,人们会采取差异化的处理方式。即便是对待完全相同的冲突,不同的人也会选择差异化的处理措施。

（5）冲突结束阶段

当冲突双方的冲突处理方式相互发生作用后，便产生了最后的冲突结果。结果通常有两种：一种是组织功能正常，提高了组织的工作绩效，这是一种建设性冲突，会成为企业持续发展的新起点；另一种是组织功能失调，降低了组织的工作绩效，这是一种破坏性冲突，即我们常说的企业内耗。冲突被彻底解决后，任何结果的作用都将继续下去。

在企业管理活动中，企业管理者要对员工进行多方面、多角度的观察，及时发现潜在冲突，并预防破坏性冲突，或管理好建设性冲突。另外，由于冲突爆发的时间、地点、条件、环境等因素都是难以完全预测和掌握的，管理者还需建立一套应对冲突的管理机制。

3. 灵活选取方法，有效解决冲突

为了有效避免管理冲突，管理者应针对具体情况，选择有效的处理策略，灵活应用各种方法和技巧。

（1）选择策略，实现利益平衡

单纯地以对错进行决断，虽然能够在事理上确保正确，但却可能损害各方共同的或重要的利益。因此，在处理冲突的过程中，管理者应慎重考虑对各方利益的平衡策略。

美国的行为科学家托马斯和他的同事克尔曼提出了五种冲突解决策略，分别是回避策略、强制策略、迁就策略、妥协策略、合作策略。每一种处理冲突的策略都有其独特的优势和劣势。有效的管理者应该根据实际冲突情况，使用不同的处理方法，使策略实施达到最佳效果。五种冲突策略及其适用情况如表5-3所示。

表5-3 五种冲突处理策略的适用情况

策略	概念说明	适用的情况
回避策略	回避策略即在冲突发生后，无视冲突的存在，这是一种消极的处理方式。冲突并不会因为回避而消失，反而可能会日趋严重，最终对企业的正常运作造成影响	当发生冲突的事情微不足道或还有更重要的事情当亟待解决时 当意识到没有希望满足企业整体利益时 当潜在的损失超过解决冲突所带来的益处时 当需要人们冷静下来并收回观点时 当一个问题可能是另一个问题的导火索时
强制策略	强制策略又叫竞争策略，即管理者利用企业赋予的权力，来强行解决员工或团队之间的冲突	当处于紧急情况，需迅速果断决策并及时采取行动时 当面对非常重要的问题需要采取特殊行为时 当涉及直接利益并认为"自己是对的"时 当反对不当竞争行为时
迁就策略	迁就策略只考虑对方的利益，不考虑或牺牲自己的利益。它更多的是关注冲突双方的情感，而非冲突的实质	当发现自己是错的，并想表现自己的通情达理时 当结局对对方的意义比对自己的意义更重要时 当需要为解决日后争端建立社会信誉时 当维护融洽和稳定关系状态非常重要时 当希望员工能从错误中学习，提高日后工作质量时
妥协策略	妥协策略是针对不同的意见予以调和。如果矛盾的双方各有道理，又失之偏颇，难以明断谁是谁非，这时即可选择妥协策略进行调和	当目标重要，坚持己见可能造成糟糕结果时 当为了对一个复杂的问题达成暂时的和解时 当时间紧迫、需要快速采取一个妥协方案时 当合作或强制策略实施不成功，需要采取候补方案时
合作策略	合作策略是以解决问题为中心，以合作为主要途径，得出一个有效解决冲突并使双方都可以接受的方案	当不能做出妥协让步时 当需要了解、综合不同人的不同意见时 当员工或部门之间的主要责任相互关联时 当关乎冲突方面的感情问题亟待解决时

总之，在处理企业内部冲突时，管理者应该结合管理实践，认清冲突

的类型，具体情况具体分析，既要考虑企业的整体利益，又要兼顾个人的利益。

（2）就事论事，客观公平地解决冲突

在处理内部冲突时，管理者应秉持"就事论事"的态度，将解决冲突问题的重心放到事件本身上来，分析事件的对错，而不随意掺杂个人的好恶，以免导致冲突被激化、滋生负面影响。而就事论事，强调的是一种一视同仁的态度，有利于企业内部形成公平公正的管理氛围，进而有效解决矛盾冲突。

李总监在办公室处理文件时，听到办公室外传来激烈的争吵声。他开门一看，原来是员工王强和李向东正在面红耳赤地争论。

李总监大声地打断了他们："告诉我，究竟是怎么回事？"

"我实在不能忍受王强，"李向东气愤地说道，"他给我的数据总是出错，这一次更是错得离谱。他这人对工作太不负责任了。"

王强对李向东的评价非常不满："胡说！我只是有一两次弄错了数据，但问题并不在我，而是因为电脑统计时出了错，你凭什么说我对工作不负责？再说，你的工作失误更多，你有什么资格对我的工作肆意评价？"

"好了，王强，"李总监说话了，"你确实经常把数据弄错，我觉得你的工作态度确实有问题。你先去纠正这次的错误，晚些时候我要找你聊一聊。"

在上述案例中，李总监处理得并不恰当：他并未针对"出错"这件事来了解实际情况、解决问题，而是将问题性质进行了放大，延伸到了"员工的工作态度"上，这给员工造成情感伤害，而且非常不利于冲突问题的解决，还会使冲突越来越尖锐。

事实上，针对上述案例所论述的情况，李总监完全可以采用另一种方法来处理。例如，他可以把两人叫进自己的办公室，对他们说："你们俩刚才争论的问题我已经听清楚了。我希望这件事到此为止。一个人出现工作失误，有时是在所难免的；关键在于，是否能够找到造成工作失误的原因，并在日后的工作中避免再犯，而不是非要辩出谁是谁非。你们俩都是老同事了，在一起工作了很长时间，我希望你们俩能够以大局为重，不要因偶尔发生的不愉快而影响了日后的正常工作。"这种不涉及个人评价的冲突处理方式，可以避免矛盾冲突被扩大，同时避免员工难以接受或出现下意识的反击行为。

事实上，如果管理者能够不拉三扯四、不涉及个人品性评价、不无端地扩大范围、不"秋后算账"，就事论事，处理得当，那么这些偶发的冲突行为一般不会给企业造成太大危害。

（3）求同存异，化解冲突处理中的两难

有时"就事论事"，可能会使冲突双方陷入两难的窘境。特别是在冲突双方各执一词，似乎都有充分理由时，继续争论是无法解决问题的。此时，不妨采取求同存异的方法。

杨洋曾是一位公司的业务主管，他曾遇到过一个非常棘手的问题。十年前，公司业务很好，销量较大。当时，业务员的业绩提成不高，但因销量好，所以业务员的月收入水平还是较为可观的。近年来，市场上同类竞争品纷纷涌现，公司产品销量大幅下滑，业务员的平均收入水平随之大大降低，很多人申请公司提高业务提成比例。但是业务主管杨洋认为，产品销量下滑对公司的影响很大，如果增加提成，那么会使企业经营成本大大增加，所以他没有将员工们的提议汇报至总经理，而是果断驳回了员工的申请。因此，员工与业务主管之间发生了激烈的争执。业务主管坚决不让步，不给业务员增加任何提成；一干业务员见加提成建议无望实现，于是全部跳槽，一个优秀的业务团队竟然就此解散了。

美国前国务卿基辛格在他的回忆录中曾说过:"任何成功的谈判都必须建立在一种均衡让步的基础之上。"顽固的坚持永远无法使人们成为赢家,案例中这位业务主管虽然赢得了这场谈判的胜利,但实质上却成为最大的输家。

奉行求同存异的原则,从表面上看人们失去了一些东西,但从长远来看却会得到更多。当然,沟通中的退让与妥协绝不是毫无原则地一味让步,而是做有价值的、小幅的让步。而且,无论以何种形式做出让步,都要预先设定底线,所有让步都不可突破这个底线。

(4)冲突平息后,对冲突相关方的心理疏导

虽然管理者解决了冲突,针对事理、职责内容进行了重新裁定,但冲突给员工心理所造成的冲击力并没有消失。一些员工表面上接受管理者做出的裁定,但心中仍存有芥蒂,只是碍于领导权威而不愿明示;有些员工则感到极为委屈,认为管理者处理冲突草草了事,敷衍塞责;更重要的是冲突双方之间仍有嫌隙,矛盾冲突仍然可能再起。为了避免发生这类情况,维持企业内部的融洽关系,管理者应认真做好冲突相关方的心理疏导。

①给员工一个台阶。对于冲突中需要承担责任的一方,管理者要及时进行心理疏导,既要使之心服口服地认识到错误,又要避免其心理压力过大。

②让员工宣泄不满。德国社会学家齐美尔提出冲突"宣泄"理论,他认为:矛盾和冲突是不能掩盖、压制的,而应让它表现、发生、显现出来,这样做才有利于员工情绪的恰当宣泄,使存在对立情绪的人获得心理上的平衡。所以,管理者可以通过一定的环境、渠道、途径和方式,使冲突双方的不满情绪适度地宣泄。

③肯定员工的功劳和价值。在解决冲突的过程中,不论是针对冲突中

的哪一方，管理者都要对其以往的工作给予积极的肯定，其目的有二：一是让责任方放下心理负担和不满，二是让受损方得到"心理上的补偿"。

还有些员工并未认识到自己工作的重要性，认为自己是可以替代的，因而丧失了对工作的积极性、主动性和责任感。对于这种情况，管理者要适时肯定员工的能力与价值，让员工认识到自身的重要性，并告诫他们不要因强调整体而忽视了个人的作用。

④维护员工的尊严。每一个人都有自己独立的人格，都注重尊严。在日常管理中，如果发现员工工作出现失误，管理者要避免当众批评甚至责骂员工，而应与其共同处理问题、共同承担责任，私下再进行特别提醒与警示，以此维护员工的尊严。

总体而言，在处理冲突时，如果管理者能够奉行以人为本的原则，针对矛盾冲突的特征采用恰当的处理策略，那么便可以在很大程度上遏制企业内耗现象，为企业打造一股超强的人员合力。

第六章
融通企业内部关系，形成高效的经营状态

企业内部关系的融洽，代表人们处于一种和谐的状态。这种状态会让企业全体员工更乐于配合企业需要并积极贡献自己的能量，因而内部关系的融通还将为企业打造出高效的经营成果。具体到实践层面，人们需要强化沟通，对上级、下级、平级关系都一一把控到位。

一、与上级的关系：积极落实交办事宜，择机汇报工作

在与上级的关系维护中有四个重点：有效倾听；恰当接收；及时汇报；最终高于上级期望，完成上级交办的事宜。

1. 有效倾听，确认上级的指示要求

人们在倾听上级的指示和要求时，常常会根据个人的需要和理解筛选或过滤信息，以便使自己听到的信息与自己固有的价值观念和思维方式保持一致。这导致人们的最终执行结果与上级的预期目标出现了一定差异。为了规避这种情况，应该做到以下几方面。

（1）进入上级的办公室前拿好记录工具(纸笔)

"好记性不如烂笔头。"在上级布置任务、介绍方法时，人们一开始可能记得非常清楚，但是到了具体落实时却遗忘了部分内容或出现了偏差。因此，在进入上级办公室之前，不妨随身携带纸笔，当准备好记录工具（比如纸笔，或电子记录设备），在倾听上级的指示要求时，快速记录下关键词，以免过后有所遗漏。

（2）倾听上级的真实意图

捕捉到上级语言中的真实意图和双方交流的重点，这是有效落实上级指示要求的前提条件。对此，人们可以借助以下4个小技巧，如表6-1所示。

表6-1 倾听上级的真实意图的技巧

技巧	说明
抓住关键词	注意倾听有关任务定性或定量的字眼，包括时间点、标准、数量、相关地点、责任部门等，这些字眼透露着这项任务的主要信息，同时也显示出上级的兴趣和情绪
抱持同理心	站在上级的立场来理解上级所说的话。例如，上级安排一项新任务，反复提到控制成本，我们就需要意识到上级非常不愿意看到浪费行为，甚至缩减成本也是应该的
保持开放心态	在倾听上级诉说任务时，应该选择非评断式、选择式的倾听，保持开放心态接纳领导思想，那些带有偏见和选择态度的倾听会偏离上级的用意
时时觉察对方意图	在倾听上级讲话时，应时刻观察上级的语调、表情、姿势是否与内容一致，已知讯息和已知时间有哪些关联等，这样才能全面、准确地掌握上级的意思

（3）恰当地回应

心理学上有一种现象叫作"投射效应"，是指人们在与人交往时，不知不觉地以自己的想法去判断和理解对方的意思，这种投射效应很容易造成双方的沟通出现误差。因此，人们在倾听的同时，必须学会回应和确认的技巧，以准确判断自己的理解是否正确。

一般回应可以分为解释型回应、建议或评估型回应。其中，解释型回应重在深度理解任务，委婉地告诉上级自己认识到的问题症结和解决方法，然后通过上级给出的反馈，更深入、更准确地理解其下达指示或任务的内容和诉求方向。建议或评估型回应重在进一步确认任务方向。下级在沟通过程中可针对上级给出的指示，清晰地界定其涉及的问题，适时地进行评估或提出建设性方案，以建立和保持一种互动型的沟通氛围。

2. 恰当接收，确保任务执行的效果

下级在落实工作之前，必须先把上级指示的要求了解清楚，客观地估计自身的胜任能力，这样才能保证任务指示的最终落实效果。

面对上级派发的工作任务，下级切忌回复说"这不在我的工作范畴内"。因为这样说相当于对上级直接发出挑战。即使下级真的觉得自己缺少足够的能力去完成上级指示或者不想做上级交代的事情，也不要说"这不在我的工作范畴内"这样的话。此时，我们可以转换言谈模式，比如讲明以自己的能力尚无法做好这些工作，或者对上级说明自己想更加专注于自己手头的工作，保持好工作的连续性。

老板："小李，你来帮我做件事，你……"

错误回应："这不是我的工作范畴。"

老板："那你从明天起不用来上班了，这样你就不用做任何事情了。"

正确回应："王总，我可以先把手头上的工作做完再做这件事吗？我想集中精力把手头上的事情先做好，我怕到时候自己两头担着，最后两件事情都做不好。"

老板："你这么想也对，那你先把手头上的工作做完再说吧。"

在任何情况下，都要避免脱口说出"这不是我的工作范畴"这类话。一般，下级可以从以下几个方面考虑如何思考、接收和回答上级的指示。

（1）从企业利益出发，试着接受上级的指示

不论出于什么原因，诸如各方关系不融洽、意见不统一、惧怕与人交流等，最终仍然应以企业的利益为出发点，抛弃个人私念，试着接受对方，倾听对方讲下去。

（2）与自己的资源或能力匹配

对照上级给出的指示要求，逐一列出自己可用于执行这项指令的资源或能力素质，确认自己是否有能力顺利完成。如果不能做到、胜任力不足，就及时拒绝，避免在后续执行中遇到难以突破的极大障碍，拖了集体

的后腿。

在表示拒绝时，也要讲究策略，以免上级有所误会。下级可以这样表达："我很想接下这个任务，但是我的能力不够，担心影响您的整体计划和业绩。"如此一来，上级通常不会将任务分配下来。

（3）对高标准要求不会心生惧怕

如果上级分配给自己的工作任务比其他人的工作任务难度大，作为下级也不必惧怕。因为这是让人脱颖而出的机会；同时上级下达这样的工作任务，说明他愿意为下级提供学习机会，即使偶尔犯错上级也大多可以接受。此时，作为下级，只需要鼓足勇气，以十二分的认真态度去执行，并向上级说明基于任务的难度自己需要得到哪些支持资源。

3. 及时汇报，以便于上级运筹帷幄

有效进行工作汇报，可以帮助上级掌握准确的信息，对整体工作作出宏观的调控。但是汇报不是容易做好的，有时也会出现一些不恰当的情况，比如：一些人为了显示自己的工作能力突出，或是为了避免可能出现的处罚，会隐瞒事实，报喜不报忧；还有的人选择的汇报方式不合理，无法向上级及时、准确地传达信息。因此，下级要选择恰当的方式和方法，准确地传达信息。一般工作汇报方式包括：口头汇报、书面汇报和现代化汇报方式。

（1）口头汇报

口头汇报是指员工与管理者面对面，以口头表述的方式进行工作汇报，也叫口述汇报。口头汇报具有快速便捷的优点。口头汇报适用于以下两种情况：一是对一些简单问题的汇报。因为问题简单，不必要专门编写文字报告，只需几句话简述基本情况即可。二是对那些事态紧急，但必须经过管理者许可方可采取行动的情况进行说明。

（2）书面汇报

书面汇报是指员工以书面材料的形式，向管理者汇报工作。相对于口头汇报，书面汇报更严谨、规范、正式，可作留案存档之用。但是，书面汇报也存在时效性差的弱点。一般在以下四种情况发生时宜选择书面报告形式。

①日常工作中出现了无章可循的新情况，需要管理者给出明确指示方可处理。

②由于新出现的特殊情况难以依循当下的制度规定处理，需要管理者重新作出指示方能继续处理。

③部分人员之间存在严重的意见分歧，难以调和，这也需要管理者作出裁决方能继续处理。

④鉴于事态较为严重，需要管理者作出审核批准，以此避免出现严重的工作失误。

编写书面报告时必须遵循规范的格式，并留有修改和优化的余地。

（3）现代化汇报方式

最常见的现代化汇报方式有电话汇报、微信汇报、邮件汇报等。

电话汇报和微信汇报是指员工通过打电话或发微信向管理者进行汇报。它仅适用于就某些必须办理的临时性重要事务，向管理者进行请示或反映。

根据所汇报事项的紧急程度，优选电话汇报方式，微信汇报次之，邮件汇报再次之。如果考虑汇报内容的详细程度，也可以优选邮件汇报方式，说明沟通要点。而在进行电话汇报、微信汇报或邮件汇报后，最好在方便时以书面形式再进行总结式汇报，确保汇报与回馈的确定性。

需要注意的是，如果企业的组织规模结构太过庞大、层次太多，都会影响工作汇报的时效性。那么，企业高层往往不能及时获取基层信息；同样，基层员工也不能及时得到管理高层的指示，这都降低了企业的执行力。因此，要恰当地控制工作汇报的层级数量。

4. 高于期望，圆满完成上级交办的事宜

对于上级交办的事务，务必按期、保质、保量地完成，切忌顺而不从、超期拖延、偷奸耍滑，最终影响了大局。

（1）切勿"顺而不从"

很多人在上级下达指令时，答应得非常爽快，但是到了执行阶段，却迟迟不肯动手或及时交付。他们虽然表面上表示顺从，但实际上对上级的指示和任务分工心存诸多不满，而这种不满情绪导致其行为上不自觉地带有抗拒色彩，继而造成执行不到位或者效率低下。这是极其不理智的且让每个上级都感到头疼的行为。

聪明的下级对于上级下达的指令任务，首先应抱持体谅的态度，去理解上级的用意和指令内容。如果意识到自己存在不满情绪，且会造成工作效率低下，则应当私下和上级商讨指令安排事宜，切忌将情绪带入工作中。

（2）制订计划，实现日清日高

因行为拖延而延误公司的总体计划，这是最让上级恼火的行为。作为下级，在接受指令任务之后必须强化自己的时间概念，在规定的时间内完成指令任务。为了保证工作按期完成，下级可以亲自在纸上写下自己的计划，并把计划贴在视线可及之处。同时，结合日清日高的要求，将每天具体时间点要完成的事项一一列出，督促自己在计划时间内圆满完成这些事项；如果未能按期完成，则采取自我惩罚的措施，以此督促自己高效落实上级指示。

（3）让自己的行为高于上级的期望值

在工作中，每个人都期望自己的工作能力和工作业绩得到上级的肯定。因为只有获得了上级的肯定，自己才更容易脱颖而出，并拓宽职场发展之路。而在激烈的职场竞争环境中，作为下级若想让上级另眼相看，那就务必做到：坚持让自己的行为高于上级的期望值。

李夏和钟庆同时入职一家公司工作，一年后，公司给李夏涨了工资，而钟庆的工资没有提高，钟庆对此非常不满，于是找到经理询问是何缘故。经理说："你和李夏的工资确实有些差异，你可以看看你们俩之间为什么存在这些差异。"接着他对钟庆下达了指令，"你现在去××市场上考察一下大蒜的价格。"

钟庆按照经理的要求去××市场上考察了一番，回来一五一十地告诉了经理大蒜的价格。老板问："××市场上有多少家卖大蒜的店铺？"钟庆愣了一下回答道："您之前没有让我统计大蒜店铺的数量啊！"经理无奈地摇摇头说："现在让你再看一下李夏会怎么做。"

于是，经理给李夏下达了相同的指令。待李夏从市场上回来后，经理获得了关于大蒜价格、售卖大蒜店铺数量等信息，而且李夏还简单说明了自己关于大蒜市场的想法。为了便于让经理更细致地了解情况，李夏收集了大蒜质量很好的几家店铺的名片。

经理让李夏回去继续做自己的工作，对两人的测验就此结束。经理看着诧异的钟庆说："你已经看到，这就是你们二人的工资存在差距的原因。"钟庆认识到了自己在工作中的不足，非常惭愧，暗下决心向李夏学习。

在这个案例中，虽然是同一项工作指令，但是李夏和钟庆为其赋予了不同的工作内容，他们也因此产生了差异化的工作结果。李夏能自动自发地充实工作内容，在超出领导期望的同时，也提升了自己的价值。

概括地说，在与上级接触的过程中，作为下级必须把握四个关键词：明确指示、恰当接收、及时汇报、积极落实。而对于上级来说，这也是每一位合格的下级必须达到的工作要求。

二、与下级的关系：尊重信任，集思广益，有效沟通

作为上级，在处理与下级的关系时，宜把握三个重点：在工作中传达尊重信任；集思广益，重视下级建议；有效沟通，融洽关系状态。

1. 对下级给予尊重、认可与信任

尊重、认可、自主，这是上级对下级最直接的尊重，体现在对其工作价值的认可上。上级在向下级下达指令任务时，要适当强调工作的重要性，同时赋予一定的自主权，使下级有更大的空间去充分发挥自己的能力。

上级："小杨，这次展销活动对公司非常重要，我想把展位的布置工作全部交给你来组织。在下周一的例会上，我希望听到你的计划，至于预算我已经与财务部打好招呼了。"

下级："谢谢李总的信任，我一定做好这次展销活动，下周一前我一定会向您提交一份漂亮的策划案。"

上级："小刘，你这次去外地出差考察，你的考察结果会被作为公司未来五年业务开展的参考内容，这对公司的未来发展非常重要。"

下级："王总，我一定会做好这次业务考察，请您放心！"

在这两组对话中，上级的做法会产生两个作用：一是激发下级的成就感，为其下达的工作任务越是重要，越可以激发人们的成就感；而同时授

予的自主权则会让他们产生"我在为自己工作"的感觉。二是上级传达了自己对下级的信任感——因为出于信任才会将重要的工作交给下级来负责处理，而下级为了回报这种信任会更加努力地达成上级期望，甚至创造出超出上级期望的工作成果。

当下级获得了来自上级足够的尊重、认可与信任时，下级"向上"的潜意识便会在无形中被唤醒，从而爆发出超强的工作热情和行动力。

2. 巧妙处理下级建议，集思广益

一个热爱企业的下级会积极地为企业提出各种各样的建议。在面对下级提出的多角度建议时，上级应抱着多多益善的态度；至于下级提出的建议是否合理，则宜在慎重分析后再另行确定。

（1）从善如流，集思广益

在企业管理中，如果上级领导善于听取下级的建议，那么往往能够从建议中获取更多有效信息用以决断，进而大大提升决策的可靠性、可行性。

早在20世纪80年代，日本索尼公司和荷兰飞利浦公司共同研发了世界上第一款CD随身听。当时的各类随身听都有着庞大的体积，外观看起来如同大砖头，难以随身携带。而索尼公司计划进军这一市场，当时一位索尼公司的普通员工向公司提出建议：随身带着那个"家伙"听音乐，实在不方便，是否可以将那个"笨重的家伙"设计得小点，方便随身携带呢？这个建议很快被索尼公司总裁采纳，而且对这位普通员工予以重奖。自此，索尼公司全面进军随身听市场，其销售额在随身听市场上独占鳌头。

索尼公司之所以能够在随身听市场领域占据领军地位，恰恰是因为管理者能够从善如流、集思广益，这是广大管理者需要学习和借鉴的。而要想成为一位乐于接纳员工建议并付诸企业经营实践的管理者，要做好以下两点：一是以宽容的态度去对待员工提出的所有建议，切忌对员工的建议置之不理，更不宜一口直接回绝；二是对下级提出的建议表示感谢，如果下级提出的建议被采纳、应用并取得不错的效果，则应及时对下级进行恰当的奖励。

在实践中，上级对待下级所提出的建议表现出的不同态度，会使下级出现不同的反应，对企业管理的效果也会有所差异，如表6-2所示。

表6-2　上级对待建议的说明

上级对建议的态度	下级对上级态度的反应	企业管理效果
采纳并感谢	受到重视，积极提建议	有利于企业内部沟通，增加企业凝聚力
不采纳但表示感谢	保持工作积极性，更加努力	有利于企业内部沟通，下级在日后仍然会再提建议
置若罔闻也不表示感谢	放弃研究与企业相关的一切，不再关心企业未来发展	可能导致下级离开企业，使得企业人才流失

表6-2中是管理者对待建议的说明，由此可以看出无论是否采纳下级的建议，管理者都应表示感谢。这样下级还会再接再厉，持续提出宝贵建议，其工作态度也会更加认真、更加积极。

（2）保持求同存异的心态

上下级在工作中总是避免不了产生意见分歧。事实上，很多意见分歧的产生，皆是源于双方意见的不同，每个人都在各抒己见，坚持自己头脑中的"真理"。此时，上级不必纠结于谁是谁非、孰对孰错，而是应持有求同存异之心。当上级与下级之间的意见存在不一致现象时，管理者要拥有宽广的胸怀、博大的包容心；如果上级听不进与自己相左的意见，那么原本小小的分歧也可能会逐渐演变为极大的内部冲突。

（3）利用时间差来处理员工意见

在双方产生不同的意见时，可以利用时间差进行缓冲处理，避免爆发更为激烈的争执。待经过一段时间之后，下级员工认识到自己误解了上级时，再找下级谈话，并宽容大方地接受下级的道歉，切忌借题发挥，打击下级的工作热情。

（4）委婉表达，给对方留有余地

当上下级之间出现意见分歧时，作为上级要尽量选择委婉的表达方式，为自己的下级员工留下一定的余地。

"留有余地"是指不要将所有话全部一次说出来，而要见好就收，点到为止。毕竟上下级之间发生分歧，目的在于有效解决问题，而绝不是发泄各种不良情绪。俗话说，"说话要说七留三"，上级可以把话说到七分，剩下三分留给下级去领会——作为下级，当其领会上级的用意之后，也会感激上级对其自尊心的维护。

3. 以同理心沟通，融洽关系状态

上级在与下级沟通时，应注意运用同理心，站在下级的立场上，设身处地地替下级着想，将心比心，知人之所知，感人之所感，这样会使双方的关系更为融洽。从具体行为角度来说，可以运用以下方法来与下级建立和谐的关系。

（1）保持温和的态度，呼应对方感情

当下级为了工作而焦虑不安时，上级应保持温和的态度，对对方的感情状态予以呼应。在与下级沟通时，上级可以借助热情的语言和行为表现来赢得下级的尊重与信任；当下级愿意继续与上级交谈，吐露自己心中最真实的想法时，上级要认真倾听下级的谈话，并站在对方的立场上来思考问题和探寻处理问题的方法，这种同理心的应用会使双方的沟通更和谐。

（2）用协商的语气进行探讨

当下级抱怨责任或者工作压力过大时，上级应避免直接粗暴地指责，而应以协商的口气与之沟通，并找出问题发生的根源。一般来说，当上级运用协商的口气与下级进行交谈时，会让对方感觉到"我的上级是在跟自己商量，征求自己的意见"，如此他们在心理上会有所放松，更容易接纳上级给出的合理建议。一般上级可以采取以下几种方式与下级进行协商式探讨。

比如直接建议式，对下级这样说："对于这一事件的最佳分析方法，我觉得可以采用SWOT分析法。"再如询问建议式，对下级这样说："关于营销推广方面的问题，我们是不是应该重点交流一下，以找出更有效果的处理方案呢？"

这种协商式探讨模式可以让上级更有效地发挥同理心的作用。

（3）深入了解对方，不轻易下结论

当听到下级喋喋不休地抱怨时，作为上级，不要轻易下结论，否定下级的工作或怒斥下级的心态不端正，而应该耐心地听下级表达完毕，深入了解并体谅其抱怨的初衷。而后再与下级一起寻找导致问题发生的各种可能原因，并引导下级进行独立思考，找出解决方法。

（4）热诚帮助、辅导员工解决困难

当下级在工作中遇到了难以解决的问题时，作为上级，应主动、热情地指导和帮助自己的下级去解决困难。比如，通过讲述以往相似的成功案例，帮助下级树立克服困难的自信心与决心；根据下级面临的不同问题，鼓励他们以积极勇敢的心态去克服困难，针对难点寻找解决方法；如果下级找到了问题原因而不知如何解决时，作为上级应引导他们学会思考，并想出正确的方法来处理问题。

正如丹尼尔·高曼（Daniel.Goleman）所言："具备同理心的人往往比较能适应一些微妙的社会性信号，而这些信号其实代表了他人的需求与意图。"通过运用同理心，上级可以更精确地掌握下级的相关情况，更高效地帮助其解决问题，高质量地维护双方的关系状态。

三、与平级的关系：互相扶持，密切合作，寻求共同进步

与上下级的关系相比，人们与平级同事之间的关系更加平等，在日常关系上更侧重于关照、扶持、互帮互助，互相体谅，实现共同进步。

1. 勇敢、积极地取得同级的协助

在日常工作中，经常需要平级同事的协助；还有一些事情可能和平级同事的利益发生冲突，需要他们做出一定的让步和牺牲。那么，你在此时会采取哪些方法让你的同事同意协助你呢？

（1）平时为同事多补台，少拆台

"金无足赤，人无完人"，每个人的身上都有优点，也有缺点。同事也是如此。对于同事的缺点，我们不要品头论足、故意挑刺，更不要恶意攻击，以免影响同事的公众形象，更会造成我们与同事之间的关系对立。需谨记：诸多同事同属于一个集体，所以每个人都要有集体意识，与众多同事构成真实意义上的利益共同体。因此，在企业之外的人面前，应有"家丑不外扬"的心态，及时为同事补台，而不要故意拆同事的台。只有以这样的心态对待同事，那么当自己遇到困难时，同事才会心甘情愿地提供支持与帮助。

（2）以求同存异的心态对待平时的分歧

一些同事常常会因为各自的受教育背景、工作经历、看待问题的角度等方面的差异，而对同一个问题产生截然不同的看法。基于各自的不

同，同事之间有时会引发一些相对激烈的争论，一不小心会伤了彼此的和气。

而在彼此失和的状况下，切忌刻意"勉强"同事，这当然也是不会成功的。通常在和同事存在意见分歧时，切忌与之直接发生冲突——过度争执会影响双方的团结和默契，而应该抱持求同存异的心态。

当然，在涉及原则性问题时，也不可一味求和，不能仅仅为了不激发彼此的矛盾而给未来的必然矛盾留下隐患。在这种情况下，可以果断地表明"我对此事持保留意见"，让彼此的争论色彩淡化，但同时又不放弃自己所坚持的立场和观点。

（3）先让同事看到自己的包容之心

同事是每一个职场中人与之相处时间最长的人，同事之间经常会发生一些矛盾冲突，如果这些矛盾冲突未能得到及时解决，往往会导致关系极度恶化，甚至影响企业整体氛围，给日常工作带来障碍。

在和同事发生矛盾冲突时，我们要先从自身找原因，如果是自己的错误，我们要勇于承认；如果是同事的错误，要有大方宽容的态度，能够换位思考，多为对方考虑，以诚挚之心感染对方。当我们以宽容与豁达赢得了同事的感激，甚至是信任时，那么，在我们下次需要同事包容的时候，同事也会展现出他的包容之心。

（4）以真诚的态度向同事求助

当我们需要自己的同事给予协助，甚至是为自己做点牺牲时，我们可以真诚地向同事发出求助，不要觉得难为情、不好意思；事实上，大多数人是非常乐于助人的。一般而言，只要人们求助的态度较为诚恳，同事通常会伸出援助之手。需要注意的是，求助与"甩锅"在本质上是不同的。向同事求助，并不意味着习惯于将原本属于自己的工作扔给同事，凭空增加同事的工作量；如果自己的求助影响了同事的工作，要主动考虑如何为其提供对等的帮助和支持。

（5）兼顾同事的利益需求

让同事心甘情愿帮助自己、为自己付出的一个最好的办法，就是在同事为我们付出的同时，可以使之同时也获得利益。这样同事提供帮助的动力会大大增加，而且更加心甘情愿。所以，在决定向同事发出求援信号之前，不妨先在纸上列明如果同事提供帮助之后他可以获得的好处，然后以这些好处为条件去说服同事心甘情愿地帮助我们。

2. 技巧性地与同事讨论工作事项

在职场中，每个人都不可避免地要和同事探讨工作中的相关内容。那么，如何与同事之间建立正向沟通的模式，让双方通过合作出色地完成工作呢？这需要人们掌握一些有效的沟通技巧。

（1）称谓恰当，创造良好融洽的沟通气氛

在正式沟通前和沟通过程中，对同事采用礼貌的、恰当的称谓，给对方受尊重的感觉，这样有助于为接下来交流沟通的过程建立良好的气氛。比如，称呼对方"老师""师傅"等，对有职位头衔者则称呼其职位头衔；尽可能不随便直呼其名，避免错误的称谓影响了对方的心情，破坏了融洽的沟通气氛，最终影响了沟通的效果。

（2）虚心听取同事意见，切忌固执己见

在与同事进行探讨交流的过程中，常常会形成不同的意见。这时，要全面考量具体情况，综合权衡多方面利弊，虚心倾听同事提出的可能意见，不要固执己见。当然，在虚心听取意见时也不要忘了个人的主动思考和立场问题，避免随波逐流、人云亦云。如果一味迎合同事观点而缺少自己的思想立场，那么是很难得到同事的认可和尊重的。

（3）分工明细，责任明确

如果某项工作任务需要两人或多人合作，那么必须对这项工作的责任进行明确分工，切忌出现责任"空地"，导致大家在任务执行过程中"踢皮球"，爆发责任归属矛盾。因而，同事之间在讨论工作落实责任时，要尽量列出责任明细表，多方一起审查是否存在责任不明之处；如在分工之初的责任划分有所缺陷，那么在后期补救时又可以采取哪些协调配合措施。

（4）熟练掌握各种日常沟通的技巧

当然，要想确保沟通过程的顺畅，日常交流沟通的技巧也是不可不关注的。例如，在交流时直视对方的眼睛，目光平和；用积极的肢体语言向对方传递出"我正在认真倾听你说话"的信息；阐述自己观点时动作和态度不要过度张扬，尽量少说自己的辉煌业绩和过人之处，也尽量少说"经验不足"之类的自谦之词；不在同事面前议论其他同事和上级；在遇到问题或处理难题时不推脱责任；等等。

3. 因人而异，做到与同事愉快共处

一把钥匙，开一把锁；对症下药，方能药到病除。与人相处时，也应如此。须知每个人都有自己的独特个性特征。我们在与不同类型的同事共处时，也应采用因人而异的交往方式、沟通方式。

（1）与争强好胜的同事相处的技巧

在现代职场中，人与人之间的竞争非常激烈，喜欢争强好胜的同事普遍存在。这种类型的人往往狂妄自大，喜欢炫耀自己，甚至不惜通过刻意贬损别人来抬高自己。在与这类同事相处时，我们可以适当地表现得谦让一些，适时地表示称赞，满足其虚荣心理。但是这并非毫无底线地容忍其行为做派；在适当的时机，可以采取恰当的而不失礼的方法，挫其锐气，以免其不当行为变本加厉。

（2）与傲慢的同事相处的技巧

这种类型的同事往往依仗自己具有某些优势（或专长），表现出傲慢无礼的行为，常常对人出言不逊，不将他人放在眼里。对于这种类型的同事，能够与之和平相处的方式便是：尊重其自认为高人一等的独特优势。但是要尽量减少与这类同事相处的时间，如果不可避免与之合作时，则用尽可能简洁的语言来清晰地表达自己的想法，尽量不要给他展现自己傲慢的机会。此外，也可以找出他的弱点或不足的方面，在合适的时机适当地敲打他一下，挫其锐气。

（3）与城府较深的同事相处的技巧

城府较深者往往颇有心机，在与人交往时并不呈现自己的真面目、真性情。与这类人相处时，宜保持有礼有节、有距离的相处，有所防范，万勿轻信，避免被其利用；此外，可以通过多次交往，了解其真实性情。当然，这类同事的沟通与交际能力通常较强，这是值得学习之处。

（4）与口蜜腹剑的同事相处的技巧

这种类型的人俗称"笑面虎"，常见表现是"人前一套，背后一套"，与之相处的最好办法是：敬而远之。如果无法避开与之合作，要注意万勿损害到自身利益。同时，养成记录工作日志的习惯，一旦双方发生冲突，能够以事实证据来驳倒对方，给予痛击。

（5）与刁钻刻薄的同事相处的技巧

刁钻刻薄者的特点就是在发生冲突时容易向对方发出责难，用刁钻的标准和刻薄的语言来声讨他人，常常会出现揭人短处、挖人隐私、做事不留余地的情况。对于这样的同事，宜与之拉开距离，避免深度交往，尽量避免与之发生冲突对立。

（6）与易怒型同事相处的技巧

易怒型同事的典型特征是自身性格暴躁，容易被人激怒，与人就某事争论不休。与这类同事相处时，要始终保持冷静的头脑，博采论据，以理服人；同时，对这类同事的莽撞行为也要抱持宽容的态度，避免过度争论导致局面发展至不可收拾的程度。

四、正视不同级的特征,制定高效融通措施

不同级之间的位置差异是不容忽视的。人处于不同的位置,其看待问题的视角、观点都是存在差异的。在企业管理中,必须正视这种来自不同级的差异,使企业各级人员之间的关系更为和谐、融通。

1. 确保不同级之间的满意状态,积极消除位差

要确保不同级之间的满意状态,最根本的方法是消除位差。消除位差是指消除不同人员因在企业中的位置差异而造成的不平等沟通现象,以达到平等交流的目的。这一理论是建立在美国加利福尼亚州立大学研究结果的基础上,核心观点是:不平等的沟通会导致沟通的效果越来越差,信息的传递就如同经过漏斗过滤,信息接收者获得的信息量并不等同于信息发出者发出的信息量;而且信息传递经过的层级越多,最终信息接收者得到的信息越少。不平等沟通的信息漏斗如图6-1所示。

消除位差应引起企业管理者的足够重视。在企业中,管理者与员工存在一定的身份差距,对下级(或员工)而言,上级(或领导)是严厉的、不容置疑的、轻视自己的,下级在接收信息时常常因害怕等而难以集中精力,即便自己尚未理解其意图也不敢表达出来……如此一来,信息便在逐级沟通的过程中慢慢地流失、减少,最后直接影响最基层员工的行动效果。而消除位差则能够保证企业各个方面的有效沟通,推动执行工作的有效进行。

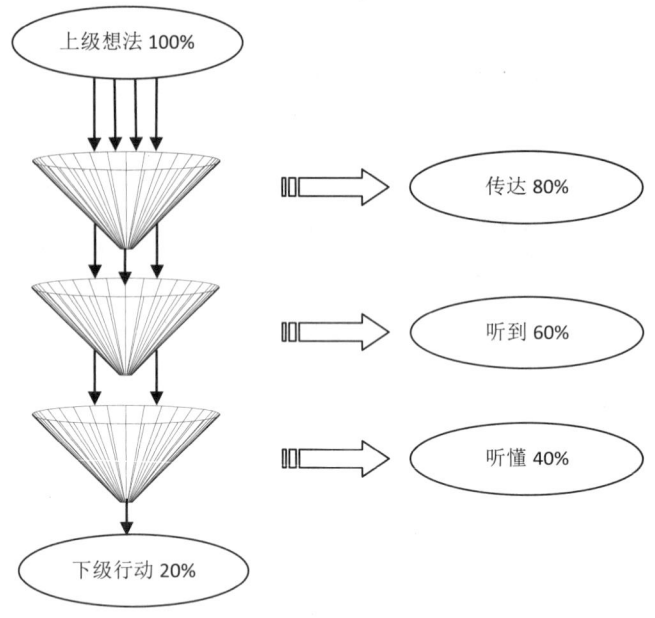

图6-1 不平等沟通的信息漏斗

当然,阻碍上级指示高效落实的因素很多,但其中最主要的因素仍是沟通位差造成的沟通障碍和心理隔阂。对于这个问题,可以通过以下几种方法来处理,以期尽可能地消除位差带来的不良影响。

(1)创造良好的沟通氛围

要想消除位差,首先要考虑打造良好的、融洽的沟通氛围。例如,一个企业的企业文化决定了内部成员的沟通程度,对内部沟通氛围的打造发挥着重要的作用。优秀的、鼓励沟通的企业文化,更有利于消除位差,减少沟通不畅,并减少因沟通带来的执行问题。

一些企业为了体现对员工的尊重,创造和谐的企业氛围,会明文规定:各层管理者的办公室的门要始终敞开,任何员工在任何时候都可以走进去,与上级平等交流。这种企业文化为每一位企业成员创造了及时与领导和同事平等交流的机会,可以让各种不满和抱怨情绪在尚未积聚和爆发之前便被早早消解掉。

（2）保证沟通渠道多元化

企业宜设立多元化的沟通渠道，以有效沟通，消除位差造成的不畅，保障人们在工作中的高效交流。

以英特尔为例，该公司采取开放式沟通模式，既有自上而下的沟通模式，也有自下而上的沟通模式。管理层可以通过网络，向所有员工介绍公司的最新业务发展，还会通过网上聊天，与员工进行互动式沟通，及时回答员工提出的各种疑问。

还有一些企业，在本企业的网站上设立相关论坛、BBS 公告等多种沟通渠道。在这些渠道当中，企业成员的沟通反馈行为通常是在身份隐蔽的前提下进行的。所以，这些沟通信息可以较为真实地反映企业成员的一些思想情感和想法。对于企业管理者来说，掌握了解这些信息资料对其日后管理沟通工作的开展也是非常有利的。

（3）面向位差使用恰当的沟通技巧

基于不同级之间的位差，消除位差时所适用的沟通技巧是不同的。

比如，在与上级沟通时，下级应主动消除与上级的位差，这样才能弥补上级因工作繁忙或未能全程参与任务落实而忽视的沟通。具体来说，应做好下面几点内容：在沟通过程中，要抓住问题的重点，切忌口若悬河、空泛交谈，耽误上级的时间；做好充分的沟通准备，如明确自己必须找上级沟通的原因，要告诉上级什么内容或者想从上级处获得哪些信息，要有礼貌地、仔细地探讨自己的观点；此外，还应给上级留出思考的时间，既不要急于求成，但也不要消极等待，适时督促上级做出反馈。

作为上级，要想消除与下级的位差，则应主动与下级沟通，用自己的诚意消除下级的心理障碍。比如，不以固化思维看待下级的表现。也许下级曾经出现过一些失误，但已经纠正或处于正在纠正过程中，那么在沟通时不宜戴着有色眼镜去看待他们，以免使下级产生负面情绪而不愿意敞开胸怀进行沟通。如此便无法消除位差，双方自然也就难以融通了。

但是，如果各方关系已经呈现不满意或尖锐对立的状态时，又该如何化解呢？

2. 针对不同级的不满意，选择不同的化解措施

之所以遇到来自不同级的不满，除了沟通方面存在问题外，还会受到一些特殊因素的影响。针对来自不同层级的不满，宜选择不同的化解措施。

（1）应对上级的不满：行为改善与一展所长

要想改善与上级的关系，使之对自己的印象有所改观，或者脱离领导白眼与受虐的局面，可以从两个方面入手。

一是了解上级不满意的具体缘由。有时上级的批评带有明确的针对性，作为下级不要因被批评而心有抵触，要主动跟领导沟通，通过委婉的方式了解领导批评的缘由。

二是针对上级不满意之处进行有效的改善。如果这个问题短期内难以改善，那就要制订一个有效的改进计划来执行，同时反馈给领导表示对领导的尊重，也表明自己改进的决心；或者让上级在自己的强项领域看到惊喜。当然，有时候与上级的关系也会受到性格、胸襟、眼界和习惯等方面差异的影响，此时就需要考虑给自己或给上级换一个平台。

（2）应对同级的不满：有效沟通与请求合作

同级之间的关系不和谐，往往来自竞争压力、沟通不畅等因素。

如果发现同级对自己有所不满，在工作中不合作、针尖对麦芒，这就需要弄清楚对方如此行为的根源。一般而言，需要预先明确职责分工、关系状态，开展日常业务时以竞合关系为主，避免不必要的资源抢夺；如果条件允许，可以专门规划一些需要双方合作的业务，通过一次强制性的并肩战斗的机会来修复双方的感情；必要时，也可以选择一个轻松、愉快

或者适合的时机，与其进行深度沟通，使双方彼此理解和信任，消除心理防线。

（3）应对下级的不满：查明原因并恰当安抚

下级对上级的不满通常是源于对薪酬、尊重感、个人发展机会等方面的不满。上级如发现下级对自己有所不满，宜找机会确认对方是出于哪些原因而生出不满情绪。当下级的误解给企业带来了不利的影响时，应该及时选择适当时机，表述事实，以消除误会。对于能干的下级，应针对其需求，做好安抚工作；对于其在薪酬、发展机会方面的需求，宜创造机会，恰当地予以满足。

3. 对于不同级的同事，应与之保持适当的距离

企业中每个人都要学会恰当处理与上下级、同事间的关系，并与其保持一定的心理距离。力求做到：既让对方看到自己对其的关注，保持心理上的认同感和信任感；又与对方维持适当的距离，保持各自的独立性，不因关系亲密而失去了底线和原则。

（1）与上级保持适当的距离

作为下级，如果与上级距离过近，成为对方生活中的朋友，这可能使上级在监督下级工作时碍于情面而放宽尺度，由此破坏了企业的规章制度，影响正常的管理秩序，甚至引发其他一系列不良反应，这对维护企业管理者自身的形象是非常不利的。

在与上级沟通时，要与其保持合适的距离，适时、适当地交流，维护好双方关系。在进行工作汇报时，应根据场合、情境以及对方心情的不同，选择合适的方式沟通。

不回避对方，也不过分讨好对方，在表达亲切、热情的同时也要与之保持适当的距离。不与上级称兄道弟，以免降低对方的威严感，影响上级执行命令；逢节日或上级生病等特殊时刻，礼节性地祝福或问候对方；上级家办喜事（如结婚、生小孩等），获得对方邀请后可备恰当的礼物贺喜，

但避免有贿赂之嫌；当上级以其他话题来转移你对其生活的关注时，应就此打住。

对于异性上级，要避免过度接触，以免影响双方的职业形象；如非工作需要，宜避免单独与之吃饭或参加其他活动；如遇到上级示好，应婉言谢绝，并注意回避。

（2）与同事保持适当的距离

与同事关系不当，是不利于同事之间的有效沟通与协调的，甚至直接影响日常工作的开展。比如，为了拉近同事关系，随便承担别人的工作，导致自己和对方的工作都做得不到位。与某位同事关系过密，引发其他同事的排斥和诽谤；拉帮结派，制造流言，挑拨同事关系；或者为了向上级争宠，而将同事关系尖锐化。当这类情况出现后，会导致日常工作难以顺利开展——即便遇到难题，也难以获得有力的支持。但是如果能够与同事保持适当的距离，与每个人都结成良好的工作伙伴关系，那么便能在最大程度上推动企业和个人的健康发展。

在与同事合作的过程中，适时地与其分享自己的工作进展以及下一步工作计划，恰如其分地表现自己，不过度张扬，也不故意隐瞒，这样才更有利于双方的持续合作。

与同事沟通时，要少说话、多倾听，少发牢骚、多微笑，少拒绝、多帮助；就工作问题进行争论时，要以解决问题为主，不要把情绪迁移到他人身上，以免影响双方的感情。

同事之间要建立互助可信的伙伴关系，而非铁哥们儿关系或恋人关系。

适当寻求对方的帮助，满足对方的成就感，可大大提升对方的好感度。

（3）与下级保持恰当距离

作为上级，如果与下级的关系出现问题，必然会影响整个队伍的工作效率。只有保持不偏不倚的态度，才能保障企业成员的心理安全感。如果与下级过分亲密，容易对喜欢的下级放宽政策，有失公正；会滋生阿谀奉承、投机取巧等不良风气，引起其他员工的嫉妒、焦虑；同时也会暴露自己的缺点，不利于树立威信。

但是如果能够与下级之间保持适当的距离，既可以保证上级的管理威信，又可以摆脱在实施决策时因私人关系造成的被动状态。一般上级在处理与下级的关系时应做到以下三点。

①一视同仁地对待所有下级，遇事时做到按规则、制度行事，赏罚分明。

②异性上下级在商谈工作事务时，选择在工作时间和工作地点进行，并在距离和动作上把握好分寸。

③尊重下级的隐私，在表达自己的关怀之意时适可而止，不宜过问太多私人事宜。

4. 慎重处理双向越级事件，留出事务回旋的余地

对于不同级之间的越级管理，人们普遍认为是不可取的行为。从大方向上来看，这种做法可能会破坏企业规范管理，导致部分制度流程虚设，中层管理者被架空，极大地降低企业领导力。从小处来看，容易造成上下级关系的不和睦，并给越级者也带来一些麻烦。因此，对于上级越级指示、下级越级汇报行为，必须慎重处理，给企业事务的有效处理留出一定的可回旋余地。

（1）有效应对来自上级的越级指示

越级做出工作指示是企业管理中的一大禁忌，而这却是中国式管理中的常见现象。一般情况下，越级做出工作指示并不会对单位、对个人产生影响；但如果领导频繁地进行越级指挥，则会产生不良影响，如表6-3所示。

表6-3 越级指示的负面影响

影响	具体说明
增加下级的额外负担	不同部门通常根据具体工作需要和每个人的能力特长进行分工,虽然责任有轻重、工作有多寡,但能保持相对平衡。而管理者如果越级指示则会使个别员工的负担加重,破坏部门内部平衡
影响下级的岗位职责	一些年轻员工接到越级指挥之后,充满工作激情,甚至将自己的本职工作丢在脑后
恶化下级的人际关系	试想一下:原本A负责给上级写报告,但是如果A的上级突然直接让A下级来处理,A是否会有自己即将被取代的担忧与恐慌?这样的行为极易引起直接上级、同部门同事对该下级产生一些不必要的误会

那么,作为下级,应如何妥善应对上级领导的越级指示呢?一般可以从以下方面把握。

一是恪守职责,及时报告。接受越级任务后,一定要按照层级管理制度,及时向直接上级请示报告,做好沟通解释工作。最好还要分别向领导和直接上级进行适当的提示。比如,可以向上级汇报"这个报告已经完成,还请您帮我把把关、审核一下";或者"这项工作难度较大,多亏上级指导和帮助……"如果接受越级指示时,直接上级未在现场,那么在完成任务后,最好向直接上级报告"因为您不在,所以领导将这个任务交给了我。现在,这个任务已完成到××阶段,请您指导/把关一下,或者请您转交给领导",以此表明自己尊敬直接上级,不抢直接上级的功劳,做事也能严格遵循公司的基本程序要求。

二是如实反馈,明确轻重缓急。作为下级,如果当时恰好有工作尚未完成,工期又相对紧张,则应遵循轻重缓急的原则,对上级的上级领导越级交代的任务和手中的工作加以评估,再行明确优先次序。如果无法按时保质平衡两方面的工作,应立即向上级的上级领导表明情况,请求其指导或协助。

三是知难而进，圆满完成任务。一些上级领导为员工越级下达指示，但又未告知员工的直接上级，其目的在于考察员工的职场领悟能力。如果该员工能够将任务圆满完成，又能妥善照顾直接上级的关系和感受，这意味着该员工的职业敏感性较高，处事技巧圆融，是一个值得培养的人才。如果这位员工仅仅是做到完成任务，则说明其尚需进一步锻炼。因此，不管上级领导出于何种目的而越级指示，作为下级都应尽最大能力，按时保质地完成其交办的各类工作任务。

总之，下级在接到上级的上级越级下达的工作任务时，这既是一种机遇，又是一次大考验。作为下级，要敢于迎接挑战，善于把握机遇，妥善处理人际关系，这样才能适时适度地展露才华，使自己脱颖而出，获得企业的器重与支持，为自己的职场发展生涯拓展更大的空间和更大的可能。

（2）有效应对下级的越级汇报

越级汇报是指由于某种原因，一些下级会越过直接上级，与更高层的领导建立工作关系或者服务关系，这种越级汇报行为很容易使直接上级产生反感和不满情绪。

出现越级汇报现象的原因常常比较复杂，一些下级会夸大自己的业绩表现，极力推销自己，两眼紧紧盯着握有更大权力的上级，瞄准时机向他们主动靠近，积极创造为他们提供直接服务的机会，并与之建立比较稳固的服务关系。还有一些下级之所以越级汇报，是因为直接上级强抢下级的业绩成果据为己有，或者存在压制下级的嫉妒心理、控制下级职位提升的恶劣动机，等等。

但是不管出于哪一种原因，下级一旦出现越级汇报的行为必然会造成两方面影响：一是引起直接上级的误会、怀疑、妒忌，使得正常的工作关系变得不协调，原本就不协调的关系变得更加不协调；二是会引起同事的不满，从而影响到自己在企业中的正常人际关系。

不过，虽然越级汇报的危害较大，但任何事情都具有两面性。事宜从权，至少在三种情况下是允许下级越级汇报的。允许越级汇报的三种情况如表6-4所示。

表6-4 允许越级汇报的三种情况

三种情况	具体情况说明
第一种情况	如果管理者的下级对整个工作进程全面掌握、一清二楚，那么下级的越级汇报结果通常是管理者可以接受的。此时，如果管理者的上级领导接受这样的越级汇报，那么可能会由此注意到这个下级及整个团队；如果直接上级不接受越级汇报的结果，也不责怪下级，管理者则可以拟订解决方案，再行汇报
第二种情况	有时上级领导会越级批示下级去做汇报，这种情况的出现频率很低。一旦出现，那么管理者应警醒：你的上级可能对你不再信任，所以让下级越级汇报；或者你所掌握的业务情况不及下级掌握的情况细致，而你的上级希望获得更为全面深入的了解。不过，只要自己平时未伤及企业利益、部门利益、团队利益，那么不必担心这类越级汇报行为
第三种情况	下级遇到突发事件，且事态紧急、刻不容缓，如不及时汇报会给企业带来极大的破坏性影响；但是此时下级无法与自己的直属上级取得联系，而自己又无法以一己之力独自承担，便需要越级汇报，找直接上级的上级领导给出指示，有效解决问题

除了以上三种特殊情况外，管理者是不宜鼓励下级进行越级汇报的。因为越级汇报行为会直接打乱企业组织结构中上下级之间的正常关系状态，给企业日常管理带来较大的麻烦。所以，作为管理者，一旦发现自己的下级背着自己在越级汇报，那么在了解情况之后，务必扼制此类情况发生，以免这种势头在企业中引发无法控制的局面。

（3）采取恰当的越级汇报模式

作为普通的企业员工，如果发现企业出现了某些问题，又不可避免地需要采取越级汇报行为时，首先应以客观的态度审视自己越级汇报的动机：我是在为公司的利益着想，还是仅仅为了满足个人利益？

如果动机是前者，那么这种越级汇报行为则属于正当的汇报工作；如果动机是后者，那么这种越级汇报行为只能算作"打小报告"。工作汇报行为是动机端正、实事求是地就工作情况进行报告；而"打小报告"则是添油加醋，添枝增蔓，恶意歪曲事实。

作为员工，如果你在企业日常实践中已经确认自己的动机是正确的，而后决定自己必须采取越级汇报方式时，可以选择如表6-5所示的方式，以避免企业及个人遭受不必要的损失。

表6-5 越级汇报过程中的注意事项

注意事项	具体说明
语气要诚恳、客观	一个人的态度会改变事情的基本性质。即便人们是在汇报异常或不良情况，但是只要人们选用了诚恳、客观的语言来表述，便可以在最大程度上体现出对职务的责任感和对领导的敬重感。单独从语言来看，汇报者并非否定企业，而是在提出修改建议，这样的建议才更容易被采纳
同步抄送	越级汇报并不代表要绕过自己的直接上级，在发邮件的时候，要同时将汇报内容抄送给自己的直接上级和上级的上级。据统计，大约有70%的越级报告最终都会回到报告人的直接上级那里，所以，如果未采取同步抄送的动作，常常会在直接上级心中留下极坏的印象
发现问题，提出问题解决方案	大多数基层员工在越级报告中过多地提出问题，但却并未提出有效的解决方案，这对于上级的上级领导来说等同于"发牢骚"。所以，在提交越级报告的过程中，不仅仅要提出自己观察到的问题，更要提出问题解决方案，这样提交的才是一份完整且有意义的报告，体现出汇报者中正客观的立场以及强悍的实际执行能力
关注个人主观色彩	少用"依我之见，我认为"等主观色彩强烈的词语，可多采用一些"综合多方面因素来看"或是"从实际运行的效果来分析"等较为中肯、理性的词句
简单、正确地复述公司的战略	在提交的报告中，一定要简单、正确地复述企业正式下发的各类战略部署和战术方案，以示"我们是严格依循企业战略战术方案而提出的意见，与企业的主要方向保持一致；这次之所以选择越级汇报工作，也恰恰是基于对企业战略战术等的尊重，对企业管理的服从"

需注意，越级报告属于工作中的"非常规武器"，在日常工作中不可滥用。如果仅观察到了事情的表面现象而未展开系统、深入的分析，便意气用事地进行了越级汇报，那么便失去了越级汇报的真正价值。因而，在正式提交工作汇报之前，应该尽可能从更多角度、更多层面去获取全面的信息、对信息的真实性进行验证，并获取有效的意见和建议，而后做出综合性的评判和修正。

第七章
环境造就人才,打造积极向上的环境氛围

"近朱者赤,近墨者黑。"环境影响人、造就人才,企业环境氛围也影响着员工的工作状态。如果企业创造了一种素养优良、积极向上的环境氛围,那么员工也会呈现出积极向上的精神面貌,全身心地投入日常管理与工作之中,以非一般的动能为企业创造最大化的工作效能。

一、环境造就人才，人才随着氛围而改变

企业环境对于员工的意义是非常重要的。什么样的环境，造就什么样的人才。一种积极向上的环境，会造就一批矢志追求进步的人才；一种消极懈怠的环境，会造就一个不求上进的群体。

1. 优秀的人才是被优秀的环境氛围造就的

在电视剧《亮剑》中有这样一个角色——警卫战士段鹏。段鹏在加入独立团之前，每天关怀备至地照顾自己的老母亲，在日本人的眼皮底下过着稍显苟且的售卖粮食的生活，可以说是"忍气吞声"。但是，待其加入独立团之后，却脱胎换骨——桀骜不驯、点火就着，如同一只凶猛的战狼。是什么使其发生了如此明显的转变呢？实际上，这与段鹏所在的独立团及团长李云龙关系重大。

在当时的晋西北战场上，独立团以"敢打能打、作风强悍"而闻名遐迩，团长李云龙如果发现自己的下级在打架，他不但不会去制止，反而还会给他们加油鼓劲儿。至于那些在打架中被打的士兵，他会认为"自己没本事，活该挨揍"。李云龙为了建立整个部队的"敢打能打、作风强悍"氛围，还出台了一些相关规则：能打、有本事的战士可以吃肉，不能打、没本事的战士连汤都喝不上。在这种氛围下，独立团的战士身上都带着一股子古代剑客的气质，无论对手多么强大，即便明知自己冲上去会死，也会勇敢地亮出自己的宝剑，做一场殊死决斗。骑兵连长孙德胜在战斗中拼

杀至全团仅剩他一人时，仍然在高声喊着"骑兵连，进攻"，直至他壮烈牺牲；战士们打光了子弹之后，即便是面对数倍的日本兵也毫不畏惧，拿起刺刀继续拼杀……

李云龙在剧中曾有一段总结，非常值得大家思考："一支具有优良传统的部队，往往具有培养英雄的土壤。英雄或是优秀军人往往以集体的形式出现。理由很简单，因为他们受到了相同传统的影响，养成了同样的性格和气质！"

李云龙所说的"培育英雄的土壤"，实际上便是一个队伍的精神氛围。在群体心理学中，有一个词叫作"场化效应"。简单来说，是指一个团队的氛围会影响团队成员的性格、情绪及行为表现。

如果环境氛围积极向上，那么不仅会激发员工的潜能，还会使员工在协调配合中更好地完成工作。反之，即便是原本有能力、有潜质的员工，也会在团队的消极影响下逐渐黯淡。这是因为人的行为表现受到了周围环境的影响。

2. 人们的行为往往与环境是相契合的

心理学家发现，每一种社会情境都暗含着相应的行为模式，当人们身处于这种环境中时，就会难以避免地受其影响，使自己的行为模式与该环境相互契合。也就是说，环境会对人的个体行为造成很大的影响——可能会引导人的行为向着更好的方向发展，也可能会让人的行为表现越来越糟糕。心理学家将这一现象称作"气氛效应"。

迈克尔·布拉梅尔教授为了证实气氛效应的普遍性，针对圣诞节主题展开了一次有趣的实验。

在这次实验中，布拉梅尔教授选择了30名参加该实验的志愿者。然后，他让这30人分别进入不同的"圣诞场景"的房间，并提醒他们"请根据自己感受到的圣诞氛围，对场景组合进行打分，满分为10分"。

第一个房间里，点有圣诞蜡烛，空气中飘着桂花酒的香气，播放器里播放着圣诞歌曲。志愿者们给这个房间打出了7.3分的平均分值；在第二个房间里，尽管也点着圣诞蜡烛，但播放的音乐是古典音乐，空气中飘着枞树的气味，志愿者们给这个房间打了2.95分的平均分值——显然，他们对这个房间中的圣诞节氛围并不满意。

而且，志愿者们在不同的圣诞节氛围的房间内的行为表现也是有所不同的。虽然实验组织者在每个房间中都放置了节日圣饼，但是在10分钟后，进入第一个房间里的志愿者吃掉了20个节日圣饼，而进入第二个房间的志愿者仅吃掉了13个节日圣饼。

这个实验结果证明：人们更愿意让自己的行为与环境条件相符合。在实验中，人们对所处的环境有着自己的要求，那些与环境不相互匹配的东西常常会影响到他们的心情，并且具体环境的差异还会导致人们的行为产生极大的差异。

而环境氛围之所以能够影响人们的认知和行为，其关键在于：气氛和环境能够操纵人们的情绪，而情绪会改变人对事物的认知判断和行为表现。

在18世纪的纽约，市区环境脏乱差、犯罪活动极为猖獗，尤以地铁区域的情况最为恶劣。后来，警察局长布拉顿决定先以地铁为重点，整顿周边环境。当区域环境变得干净之后，人们的行为普遍有了改变。随后，这种改变从地铁区域逐渐扩展到整个纽约市区，全市的犯罪率竟然也慢慢降低了。

可见，环境会对人们的心理产生强大的暗示效应，可以极大地改变行为表现。这为企业管理者提供了一个管理思路：要想改变员工的行为，不妨尝试从企业的环境氛围设计入手。

3.整顿环境、净化风气，打造优质的环境氛围

在优质的环境氛围里更容易培养出优秀的人才。企业管理者可以从以下方面入手打造优质的环境氛围。

首先，企业应为员工营造舒适的工作环境，这不仅可以让人身心愉悦，还可以大大提高工作效率。比如，工作环境的亮度、温度、室内装潢、环境音乐等都会对员工的心理状态产生无形的影响。

Google 的员工享受着许多公司不具有的特别待遇，如可以在公司里接受免费的按摩，可以打乒乓球、游泳或者是去冰激凌吧小憩一会儿，还可以免费吃到由大厨用有机原料做的饭菜。不仅如此，Google 还鼓励员工将工作时间的五分之一用于任何形式的户外活动。Google 的工作氛围也十分轻松，绝大多数程序员都不必担心如普通公司里的沉闷与隔阂。

对于绝大多数企业来说，像 Google 一样为员工提供"冰激凌吧"不甚现实，但是通过多放植物、保持清洁干净、温湿度适宜等提供舒适环境还是比较容易实现的。

有的管理者可能说："即便环境不够舒适，员工还是会照样给我工作的。"的确，部分员工会迫于生计而继续在企业里工作，但是企业家和管理者经营企业，不应只是为了让员工坐在企业里工作，而应追求更高的效率、比竞争对手更好的业绩、更好的企业经营面貌与经营境界。而让员工身处在一个清新、舒适的环境下，其工作效率要高得多，企业的成本支出会由此获得更大的回报，同时也会对企业外部的优秀人才形成巨大的吸引力。

其次，企业还要考虑净化精神环境氛围，遏制企业内的不良风气（比

如，工作懈怠、得过且过、钩心斗角等），让企业成员呈现积极正向的行为态度（比如，热情工作、积极奋斗、化压力为动力等）。

二、对工作保持兴趣，全身心投入其中

兴趣是最好的老师，人人都有自己的兴趣爱好，总是对自己感兴趣的事情投入更多的精力。那么，人们在对待工作时是否保持着足够多的兴趣和热爱呢？据调查，现实中的绝大部分人在从事一份用于"养家糊口"的工作，真正热爱本职工作的人仅仅是少数。

1. 对工作保持足够的兴趣燃点

有人说："如果工作恰好是自己的爱好，在工作中也可以开心地玩耍，那该有多好！"其实，要想实现这个愿望并不困难。

小尹毕业于一所普通大学，学习的是旅游管理专业。大学毕业后，他凭借自己阳光端正的外表和积极主动的态度，在一家旅行社应聘面试成功，成为一名专职导游。鉴于小尹的英语能力水平不错，公司决定让他带一批外国游客。

在小尹入职的第三周，这批外国游客按期抵达。小尹开心地带完这批外国游客，但是旅行社在收集游客的留言和意见时，却有很多游客投诉了小尹。大多数游客认为，这位导游只知道自己玩，而没有为游客服务的意识——对景点的介绍不够详细，各景点游玩的时间也分配得不够均匀。小尹的主管得知此事后，找到了小尹。小尹了解到自己在工作中出现的过失

后,表示在下次带团时一定做好规划,以更认真的态度服务游客。但是,没过多久,小尹又引起了一次类似的客户投诉。

主管把小尹叫到办公室,态度严肃地和他进行沟通。主管说:"你是一个很有热情、很有感染力的人,旅行社很需要你这样的热情。但是,你为什么不能将你的热情用在工作中呢?你和我说说,你最喜欢什么?"小尹答:"我,我喜欢旅游、喜欢玩、喜欢和不同的人交往。"主管说:"你可以试试将自己的热情转移到工作中,不要将你的爱好和工作完全区分开,而是将工作作为你的爱好。你平时是怎么旅游、怎么玩的,就带着游客怎么旅游、怎么玩。"

小尹按照主管说的做了,当他再次带团归来时,收到的不再是投诉信,而是表扬信了。

在企业中,像前期的小尹这样未能将工作和个人爱好区分开的年轻员工是普遍存在的。他们单纯地追求个人的爱好,而未能做好自己的分内工作。当然,"玩"是人们的天性,但是否能够"玩好""玩出境界"却是需要技巧的。"玩好""玩出境界"意味着既能实现自己对物质需要的满足,同时还能实现自己在精神需要方面的满足。心理学的研究表明,成熟的个人爱好是有助于个人职场发展的成功的。

2. 用兴趣唤醒人们对工作的热情

很多企业管理者为了避免员工因私人爱好而影响到工作的正常开展,通常会对员工的娱乐活动进行严格的控制。但是实际上,员工的行为越是被控制,他们就对这些爱好越是心生渴望。这不仅仅因为个体有反抗压制的叛逆心理,还因为"每个人都有放松的正常需要"。一个人只有适当地放松了,他才能保证有充足的心理能量去处理各类事宜。而从自己兴趣爱好中寻找放松感,往往是员工们最常选择的方式。

（1）兴趣对个人发展的价值意义

心理学研究证实，兴趣爱好对一个人的发展是具有重要意义的。积极心理学家致力于积极心理的研究之后，对人们的兴趣相关情况与影响进行了研究。研究发现，如果人们具有积极的兴趣，可以大大提高人们的幸福指数。兴趣可以使人们保持生活的热情，而在一个人对生活有热情的时候，他才会对工作有热情。还有心理学家指出，拥有成熟的个人爱好的人，他们更能把事情做好。因为他们总是会对新鲜事物感兴趣，并会花费一些精力对这些新鲜事物展开进一步的了解和研究。他们拥有的强大动机和意志力，使得他们即便面对诸多难题也不会轻言退缩，而一如既往的热情会督促其持续前行——这样的人会更容易获得成功。

一个拥有个人爱好并将个人爱好发展成所长的人，除了拥有热情的品质，还具有专注的卓越品质。像前面案例中小尹的主管，他通过对员工的兴趣爱好的引导，成功地让员工将兴趣爱好转至工作中，并取得了非常好的效果。

在管理实践中，要想充分利用员工的兴趣爱好，管理者首先自己得认同兴趣的重要性。关于兴趣爱好所能带来的益处，我们已经在前面通过心理学理论和现实案例进行了阐述。如果管理者尚无法认识到它们带来的益处，那么不妨转换角度想一想：你自己的兴趣爱好给你带来了什么？是否给你的工作带来了积极作用？

积极心理学研究表明，在这个世界上不存在完全意义上的工作狂。所有人都有自己的爱好，只是爱好的选择有差异——有的人爱好游戏，有的人爱好阅读，不一而足。即便是被誉为"工作狂"的乔布斯，也有着自己的爱好，比如大家熟知的"禅修"。"禅修"这种爱好不仅为乔布斯带来了宁静和幸福感，还使得他在工作时更加专注，甚至苹果公司的诞生也源自他的这一个人爱好。

因此，当管理者遇到一位有着明显个人爱好与兴趣的员工时，不要因他对爱好与兴趣的贪恋而急于否定他。

（2）把兴趣与工作结合起来

事实上，管理者还可以尝试把员工的兴趣与他的工作结合，让员工在工作中更充分地发挥其能力。

首先，管理者需要对员工的兴趣爱好以及这个兴趣爱好本身有所了解。要想充分、有效地发挥员工兴趣爱好的作用，最好的办法就是为员工安排从事他感兴趣的工作。这就需要管理者从员工招聘之初就对此进行一些必要的调查，而后在日常工作安排中进行恰当的匹配，或者帮助员工将兴趣爱好与工作建立最强的联结。

当然，企业经营所需开展的各类工作有时无法完全契合员工当下的兴趣爱好，难以将其兴趣爱好与工作建立联结，甚至有的员工在兴趣爱好方面所花费的时间多于工作时间。那么管理者不妨换一个角度考虑：如何调动员工的积极性，使之更乐于工作？或者，如何让员工爱上工作，把工作变成个人的兴趣爱好？

3. 爱上工作，将工作变成个人的兴趣

管理学大师彼得·德鲁克认为："调动员工的积极性，首先要对他们进行有效的管理，重要的是使员工发现自己所从事的工作的乐趣和价值，能从工作的完成中得到一种满足感。"日本"经营之圣"稻盛和夫也认为，如果一个人做的是自己喜欢的事情，那么，无论这项工作有多么难，他都会不辞辛苦，一以贯之，无怨无悔。其实，人们普遍具有这样的行为特点：对于自己喜欢的事情，总是能够全心投入，即便万般辛苦，也是能忍耐坚持下去的。事实上，如果人们能够将这种投入与专注状态贯彻于行事之始终，那么做任何事情都会成功的。

但是，一个人能够"刚刚好"地直接遇到自己喜欢的工作，其概率可能尚不足"千分之一"。而且这个人即使顺利进入自己所期望的企业中，但能顺利地得到自己所期望的职位、从事自己所期望的工作内容，这样的幸运机会也难有"万分之一"。

大多数人在初入职场之时，是从"自己不喜欢的工作"开始的。但这并不是多大的问题，最大的问题在于：大多数人对这些自己并不喜欢的工作、职务抱持着"勉强接受、不得不做"的消极状态，对分配给自己的任务常常满腹牢骚、满口抱怨。长期这样，一个原本能力较强、潜力无限的人才也可能逐步走上"报废"之路。

日本"经营之圣"稻盛和夫刚进松风工业公司时，并不喜欢自己的工作。当时，他被安排去研究一种新型陶瓷（在当时并不属于企业的核心产品业务），而企业做出这一业务规划的理由是"将来在电子领域一定会需要高频绝缘材料"。但这个领域在当时尚属于未知领域，缺乏相对可靠的研究资料。而松风工业公司内部还缺少先进的实验设备，更没有上级或前辈为稻盛和夫的研究工作提供相关的指导，这使得稻盛和夫感到这份工作的开展难度非常大。在这样的工作环境下，稻盛和夫越来越讨厌这份工作，甚至多次考虑递交辞职报告，转做其他行业。

后来，稻盛和夫辞职转行未果，而不得不继续留在松风工业公司工作。但是此时的他决定改变自己的工作心态，他说服自己"埋头到工作中去"，然后从心底里排除对工作的厌恶情绪，让自己倾注全部心力，投入到眼前的工作之中。

于是，他开始从大学图书馆、美国陶瓷协会等机构，全面收集关于新型陶瓷的各类资料，并依据从中获得的信息开展实验；然后再根据实验结果，做进一步分析，并寻求新的理论解释，而后再组织新的实验。

在这样一个过程中，稻盛和夫开始为新型陶瓷的魅力所吸引。后来，他渐渐明白，新型陶瓷中或许隐藏着一个不可思议的、美好的前景，他甚至开心地想："这样的研究，恐怕大学里也不会有吧，或许全世界也只有我一个人在钻研。"此时，稻盛和夫已经不再强迫自己工作了，他完全喜欢上了这份工作。

把"完成企业管理者分配的工作"当作自己的天职，抱有这种心境是非常重要的。如果人们不肯抛弃"工作是别人要我做的"这种意识，那么是无法从对工作的厌恶感中将自己解脱出来的。

与其不断追求空中楼阁般的自己喜欢的工作，还不如先喜欢上自己现有的工作，从脚踏实地地做好眼前的事情开始。因为如果人们喜欢上自己的工作，那么他会不辞辛劳，即便遇到困难也会当成一次挑战，全身心地克服难题、投入工作，由此形成工作的强劲动力。在这种力量的加持下，人们就容易创造出成果，获得众人的认可，而自己也会更加喜欢自己的工作。如此便形成了工作与兴趣养成之间的良性循环。所以，如果一个人能够改变自己对待工作的心态，喜欢上自己的工作，那么他的工作状态就会发生质变。

三、以危机感引导持续发展，激活员工动能

管理学大师彼得·德鲁克曾提出，一个管理状态极好的企业，往往看起来单调无味，缺乏激动人心的事情。因为凡是可能引发危机的事情都早已被人们预见，将它们加以管理并转化为例行工作了。这给人们一个启示：让每个人持有危机感，这样会形成充足的动能，去改变自己的工作行为，去推动企业的继续前行。而企业要想让员工具备危机感，那么就需要养一条"鲇鱼"。

"鲶鱼效应"原指一种自然现象。过去渔民们发现，沙丁鱼被捕获后常常未到岸边便死掉了。后来，有个人不小心在沙丁鱼中放入了一条好斗的鲶鱼，没想到那一次沙丁鱼竟然没有死掉。科学家认为，这是因为鲶鱼的存在激发了沙丁鱼的求生欲望，使之不得不四处游动以保持旺盛的生命力，他们把这种现象称为"鲶鱼效应"。后来，这一效应逐渐被延伸应用到管理领域：管理者发现团队内部存在人浮于事、缺乏效率等情况时，便从企业外部引入一条"鲶鱼"，或者在企业内部设计一条"鲶鱼"，以"鲶鱼"制造的危机感来激活员工的工作斗志和行为动能。

1. 从企业外部引入"鲶鱼"

从企业外部引入"鲶鱼"，可以很快改变企业的原有精神面貌。当一个企业暮气沉沉、毫无激情时，企业管理者应尽快引入一条"鲶鱼"，打破不良局面，引燃企业成员的精神斗志。

日本本田汽车公司曾经陷入这样的窘境：当时，大约两成的员工表现出人浮于事、不思进取的状态。如果将这部分员工全部开除，那么企业不仅会受到来自工会的压力，还会蒙受一定的损失。因为这些员工也可以完成部分工作，只是他们的表现与企业的要求之间存在的差距有些大而已。所以，将这部分员工全部淘汰并不合适。

本田公司受"鲶鱼效应"的启发，先从销售部开始改善。本田先生将松和公司的销售部副经理武太郎挖到公司，武太郎的惊人毅力和工作热情，迅速感染了整个销售部，公司的销售额直线上升，而一股充满激情的工作状态也从销售部蔓延至整个公司。继销售部之后，本田先生又将这种办法应用于其他部门，员工的热情慢慢被激发，本田公司的整体状态大大改观。

本田先生从企业外部引入一条"鲶鱼"，而这条"鲶鱼"用自己的工作热情感染了整个团队，让企业重新焕发了生机。需要注意的是，管理者要引入的"鲇鱼"必须经核查确认是符合要求的:"鲇鱼"角色的充当者必须对工作充满激情,且这股激情能外化出来;其本人要有良好的品格,而不是一进公司就立山头、聚集帮派。

2. 在企业内部设计"鲇鱼"

为了避免企业内部死气沉沉的局面,企业管理者还可以在企业内部设计"鲇鱼"。通常可以采取以下三种方法。

(1)设置梯度奖励模式

有梯度地设置奖励,并不是有功无功、功大功小都受赏的集体"大锅饭"思维,否则很容易挫伤那些"多劳者",尤其是对企业做出卓越贡献的员工的进取心。而有梯度地设置奖励,也不能是"干活人多、领赏者少"的奖励效果,否则同样会打击为企业卖力的员工的积极性。

因此,对于员工的激励要拉开距离,"大功得大赏,小劳得小赏",对无贡献者,不仅得不到奖励,还要接受一定的惩罚。通过区分员工的不同表现实施有梯度的、差异化的奖励模式,既能调动员工的积极性,又能提高整个企业的工作效能与水平。

(2)完善绩效管理机制

在较为完善的企业绩效管理机制中,每一级管理者都会与其下属员工针对绩效目标的设定和考核情况进行有效沟通。这不仅能够提升企业管理的沟通效果,也能让管理者及时了解到工作执行的进展状况以及需要为员工提供哪些帮助和辅导。由此可见,在一套完善的绩效管理机制中,下属员工和主管的行为可以同时被考核。而如果每个部门的管理者与员工都能根据绩效管理机制来优化自己的工作,无疑会大大增强该部门在整个企业中的竞争力,整个企业的状态也会在这种个体进步中实现持续提升。

(3)建立优胜劣汰的竞争机制

在竞争中,人们会产生优劣输赢的认知,而根据员工的表现去评判其应被嘉奖、晋升或淘汰，这便是企业引入竞争机制的核心。一种常用的办法就是"末位淘汰制"，它在企业中形成一种竞争氛围，会给员工制造一种压力感——员工为了免遭淘汰会更加努力工作。但在实行末位淘汰制时，管理者也需要注意，是否能够公平、合理地处理问题，给予员工恰当的成长机会，避免因企业气氛过度紧张而造成员工的心理恐慌，进而引发一系列负面效应。

此外，企业在用人方面，可通过绩效考核，在企业中寻找有潜在能力的"明星"，并对其予以重点培养。这一举措会给众人树立一个榜样或对手，而员工不服输的意识会由此被激发，整个企业也会因此生机勃勃。

通过从企业外部引进"鲇鱼"和从企业内部挖掘设计"鲇鱼"这两种做法，企业可以保持持久的活力。

3. 引入"鲇鱼"的注意事项

管理者在引入"鲇鱼"的时候，要综合考虑引入的时间节点、员工的情绪状态及企业管理问题。如果管理者未能对这些元素予以有效把控，那么不仅无法发挥"鲇鱼效应"，还会产生很大的副作用。

从"鲇鱼效应"中可知，在整个鱼槽中只能有一条"鲇鱼"。也就是说，只要能让他者引起警惕，并调动其积极性，便已达到了效果。如果过度地追求"竞争"效果，那么便容易造成企业内部的动荡。一般"鲇鱼"引进不当的情况有以下几种。

（1）团队状态良好时引入"鲇鱼"

团队状态良好时引进"鲇鱼"，实际上是对企业成员不信任的一种表现，企业成员的被认同感会大大降低，甚至有些人会认为企业对他们失去了信任。如此一来，员工会表现出一系列不良行为。比如，消极怠工，变成"休克鱼"，抱有"既然有'鲇鱼'，还要我做什么"的心态；将不满转化为破坏性行为，故意表现出与企业要求对立的行为；一些骨干员工还会产生"我对企业而言不再重要了"的想法，继而离职。

（2）引进的"鲇鱼"数量过多

如果企业引入了数量过多的"鲇鱼"，会导致企业员工所受刺激过量。企业内部可能会相继出现各种流言、小道消息，从而加重员工的心理负担。并且老员工对"鲇鱼"的戒备之心会明显增加，容易形成老员工拉帮结派对付新"鲇鱼"的情况……这些都是不利于企业工作的正常开展的。

如果企业管理者发现企业中存在这两种问题，切忌直接取出"鲇鱼"，此时，可以采取下面的方法来处理。

①对于"鲇鱼"提出的各种改进措施，尤其是针对员工本身的，要暂缓处理。

②引进"鲇鱼"后，企业管理者要立即与老员工进行沟通，取得其认同；召开员工会议，将"鲇鱼"正式介绍给大家，以防产生不必要的猜疑；同时，对骨干员工做出的贡献进行表彰，展现企业对他们的重视和信任。

③定期为"鲇鱼"和员工组织团建活动，如聚餐、游戏、郊游等，以此增进大家的感情，减少对"鲇鱼"的抵触情绪。

④坚决杜绝员工的不良行为，如对于谩骂、嘲讽"鲇鱼"，散布谣言、小道消息，消极怠工等情况，一经发现，严格按照制度处理，维护企业内部的健康氛围。

很多企业（如海尔、华为等）之所以发展到今日的强大，完全得益于企业的危机感管理。比如海尔，其发展至今日离不开张瑞敏当年提出的"永远战战兢兢，永远如履薄冰"的竞争生存理念，离不开海尔的竞争机制。每个海尔人在圆满完成每天工作的同时，积极应对各种挑战和不可预料的危机……时时刻刻保持的危机感，帮助他们打造出今天的"盛世海尔"。所以，作为企业管理者，应恰当地强化员工的危机意识，剥离安逸的表象，使之时刻保持危机感而不被眼前的事物麻痹，从而以积极持续的动能引领企业持续向前发展。

四、给予最适度的压力，以创造最佳工作效能

如果仔细观察，我们会发现：很多优秀的企业，往往都会给员工施加一定的压力。这个"压力"环境非常微妙。在这样的氛围环境下，员工会表现出积极的行为，创造出极佳的工作效能。

1. 用最适度的压力创造最佳的效能

在菜市场上，有很多人卖豆芽，有些商贩的豆芽又细又长，好似营养不良，但有些商贩的豆芽则是白白胖胖的。这其中是有秘诀的。有的人会在撒下种子之后，再盖上一层重物。这样，种子在即将冒芽时首先会碰到重物带来的压力；而为了继续发芽，种子会持续蓄能，加大自己的力量，最终顶起这个重物。通过压力的逆境考验之后，豆芽便长得白白胖胖了。

种子发芽如此，人也是这样。如果管理者将一份 10 天之内可完成的工作任务交给员工，让他在一个月内做完，那么，他会每天都优哉游哉地完成一点点，或者拖到截止期限时进行最后冲刺。而他们最终交付的成果，往往只是一份勉强算是合格的作品。但是如果管理者要求员工在一周之内完成，有时员工反而交付出了更高质量的成果。为什么会出现这种现象呢？

实际上，这恰恰是有压力存在的缘故——有的人将压力转化成了自己行为的动力。

2. 过大或过小的压力都是不适宜的

有时候，过大的压力不但无法最大限度地挖掘出人们的潜能，还会使

人们因过度紧张而造成失误，工作效率随之降低。

对此，法国心理学家齐加尼克做过一个实验。在实验中，齐加尼克将自愿参试者分为两个小组，并给他们安排了同样的任务。在实验期间，齐加尼克对其中一组参试者进行了干预，使他们无法按时完成任务；对另一组参试者则给予一定的工作压力，并鼓励他们顺利完成全部任务。实验结果表明，虽然两组参试者在最初接到任务时都有一些紧张感，但是顺利完成任务的那组参试者，他们的紧张情绪在逐渐消失；而没有完成任务的那组参试者，他们长时间保持着紧张的状态，始终被那些尚未完成的任务困扰着。可见，适度的紧张感可以让人时刻保持警惕心理，不会因过度放松而对工作或事务有所懈怠；同时，适度的紧张感也会促使人们呈现出更加努力的行为，并更好地完成事务。

心理学家耶克斯与多德森曾提出一个以其名字命名的"Yerkes-Dodson法则"，他们认为：压力与动力之间存在着一种倒U形的关系。当人们的工作压力过大时，会使人们产生窒息感，继而导致工作效率下降；如果工作压力太小，又不利于激发人们的潜能，会使人们变得慵懒。

如果把这个法则应用到企业管理上，那么管理者应努力做到：让工作压力程度适当，既要让员工保持紧张感，又不会使之感到"自己是被逼迫的"。

3. 在企业内部设置最适度的压力氛围

唯有将压力调整到最适度的状态，才能产生积极的效果。如果企业管理者给员工的压力过轻，那么便不能使员工充分发挥潜力；但如果超过了一定的限度，又会使员工产生恐惧、焦虑、愤怒等负面情绪，甚至产生抵触、反抗、攻击等负面行为。那么，如何给员工施加最适度的压力呢？其实，在实践中有很多办法是可以参照的。

比如，设置一些具有可实现性又稍有难度的工作任务，让员工既感到有希望完成任务，又能在完成任务的过程中感受到一定的压力。此外，在设置工作任务时，务必与员工做好沟通，使员工内心里认定"这项工作任务是我足以胜任的"，而不仅仅是"管理者认为员工可以胜任"。这样，员工才会勇敢地、自信地为这项工作任务而做出努力。

此外，企业还可以设计一种科学的绩效激励机制，规范设置整体性绩效压力。比如末位淘汰制，这种绩效激励机制是企业管理者依据绩效考核结果，将排名靠后员工进行"淘汰"的一种绩效管理制度。为什么要给这个"淘汰"加个引号，因为这里所说的"淘汰"并非简单地将员工辞退，而是要为考核不合格者进行再培训，培训后再行竞聘，继而为合格者安排对应的岗位。

在华为公司，末位淘汰制是按季度通过绩效考核进行的。考核分为ABCD四级，其中A级人员占15%~20%，B级人员占40%~45%，C级人员占35%，D级人员占5%。而这5%的D级人员是将被淘汰的人员。对于这部分人员，华为会签署书面文件，以正式形式要求他们去做出绩效改进。如果其在下个季度中仍未考核合格，则为其进行再培训，此期间只领取基本岗位工资。培训结束之后，将组织这部分人员进行重新竞聘上岗。

管理者应谨记：将员工"淘汰"不是目的，根本目的在于给员工施加恰当的压力，并创造一种向上进取的工作氛围。在恰当的、适度的压力下，每个人都可以转压力为动力，积极拼搏，持续奋进，勇创佳绩。而对于企业来说，由于每一位企业成员都处于积极向上的行为状态，那么企业也会拥有良性向上的整体氛围。

第八章
实施有效奖惩，
选择最恰当的人员激励方式

　　设置有效的奖惩措施，可以让员工看到自己所能获得的利益或受到的损失，继而影响其行为的主动性。一般管理制度是对员工日常工作加以要求和约束，管理者可以在此基础上，通过实施公平公正的、科学合理的、多样化的奖惩措施，来激发员工的工作热情，提升员工的工作积极性和效率。

管理的原点：让管理回归本质

一、有效奖惩是实现激励效果最大化的绝佳手段

对人的管理不只是依靠管理，而应该辅助以激励的方式，激发员工的自主性，让员工主动去做。在一个健康的企业中，激励是管理者在日常经营过程中不可或缺的环节、方式和手段。而在所有激励手段中，有效奖惩最容易实现效果最大化。

1. 以奖惩对员工行为进行激励强化

有效的奖惩措施有助于强化和激励员工的行为。从激励本身来说，当管理者对企业认可的员工行为予以奖励，对企业不认可的员工行为予以惩罚后，员工的行为会按照企业期望而得到强化。

怪诞行为学创始人丹·艾瑞里（Dan Ariely）做过一个实验。他邀请了一些大学生，将其分成三个小组，要求他们在一张印满字母的纸上寻找两个相连的S圈，并标注出来——这个任务有些类似于校对。艾瑞里和助理对这些大学生说："这个任务完成后是有报酬的，校对完第一张给55美分，第二张给50美分，第三张则是45美分，依次递减。"每校对一张，学生们可以选择是否继续校对下一张。也就是说，当他们感觉自己的劳动付出与报酬收益不相符时，可以停止工作。

在实验中，每校对完一张，学生都要把校对好的那张纸交给艾瑞里和助理。对于A组学生，当他们把校对好的纸张交给艾瑞里时，他会直接把

这张纸放到碎纸机里搅成碎片；对于B组学生，艾瑞里还是看也不看，但把这张纸工整地摆放在旁边；对于C组学生，艾瑞里会接过他们的纸，并假装感兴趣地看一遍，点点头，让学生把自己的名字写在纸上，然后再把纸放在旁边。

结果显示，C组的这些获得承认并且把名字写在纸上的学生，具有极高的工作热情。这组学生中，有49%的人校对完10页纸，即使校对最后那页纸时只获得10美分的薪水，他们也毫无怨言。而A组的学生则热情欠缺，他们中只有17%的人校对完10页纸；而B组学生的工作热情和工作量都处于中游水平。

针对这一实验结果，丹·艾瑞里指出，管理者要对企业认可的员工行为予以鼓励，这样员工才能更有热情、更加努力地工作。

因此，合格的企业管理者会综合考虑如何对员工进行奖励和惩罚——既要做到奖励得当，又要做到惩罚得体。在实践中，管理者通常可从积极强化和消极强化两方面入手。

（1）积极强化员工的有益行为

积极强化可以有效增加期望行为出现的频率，甚至使这种行为重复发生。事实上，当一个人的某种行为受到称赞时，这种行为重复发生的可能性就会大大增加。例如，当一位员工离开办公室前，他的"检查所有电源是否关闭"这一行为被办公室主任公开表扬，那么这位员工在日后产生这种行为的概率会大大增加。因此，企业管理者在管理过程中，应该多激励员工的积极行为，以加强这种行为的持续性。在运用奖励进行积极强化时，管理者应注意以下四点。

①肯定行为要趁早。员工的良好行为发生后，要及时予以肯定，时间越早，效果越佳。

②不吝表达赞赏。让员工获得成就感。"你一定花了不少精力和心血做这件事吧！""你圆满完成了这项任务，对公司××业务开展做出了大贡献啊！"这样的赞赏不仅能表现出管理者对员工付出努力的欣赏，还会使员工获得成就感——成就感是员工持续努力的动力源。

③清楚表达被奖励的原因。让员工明白自己或他人为什么会得到奖励，如"这项任务能在规定时间内完成，多亏大家的齐心协力！"只有明确了"什么样的行为是被企业认可的、鼓励的、倡导的"，员工才会多次呈现这些被期望的行为。

④培养内在动机。物质奖励与精神奖励兼顾，物质奖励要量少、次数多，同时伴以言语赞赏和指导。在激励员工的过程中，切忌过分强调物质这一外在动力，而要更侧重员工内在动机的培养，甚至应将物质奖励作为培养内在动机的一种手段。

（2）消极强化员工的不良行为

采取惩罚措施，只能消除员工的某一种不良的行为表现，但是却不能确保员工必然呈现企业期望的积极行为。比如，对迟到早退的员工采用罚款作为惩罚措施，会带给他们一种"已经罚了钱，给了公司一定补偿，这就不算我损害公司利益了"的心理暗示。因此，员工可能因担心被罚款而尽量不出现迟到早退的行为，但其内心里并不会因为自己受到了经济处罚而提高其工作积极性。

因此，通过惩罚来遏制不良行为，并不是最好的激励手段。虽然惩罚无法保证员工产生积极行为，但是我们可以采用消极强化来限制员工的不良行为——当某一行为未得到强化，就会渐渐消退。对不良行为不予注意，或对良好的行为给予奖励，不良的行为则会逐渐消退，而良好的行为则会渐渐得以保留。

某公司采用弹性工作制,在固定的工作时间内或员工完成规定工作任务的前提下,赋予员工选择具体工作时间的权利,以代替统一固定的上下班时间制度,使员工的工作热情大增。

当员工的行为使企业利益严重受损或为企业组织活动带来严重危害时,企业管理者必须采取适当的惩罚措施,使员工的危害性行为快速停止。此时,惩罚意味着对这些危害性行为的否定和警告,能使这些危害性行为有效地减弱和消退。

惩罚的类型有很多,鉴于每位员工的年龄、性别、职业、学历、经历等各方面都可能存在很多不同之处,因而对每个人适用的惩罚方式也有所不同,如表 8-1 所示。企业管理者要依照受惩罚对象的行为后果和个人情况来采用恰当的方式。例如,自尊心强的员工惧怕受到当众的批评,而刚刚参加工作的员工,则可能担心在经济上受到损失。

表8-1 惩罚的种类和适用性

惩罚方式	适用情况	适用范围
口头批评	因无心之过而造成错误行为,或对企业大局未造成过大负面影响的行为	很少犯错或自尊心较强的员工
换岗	员工的技术能力弱,但工作态度相对积极	新员工
罚款	干扰企业日常运营管理的行为,或利用企业的资源从事其他方面的活动	触犯企业日常管理制度的员工
降低薪酬	经多次提醒仍不改变自己的不当行为	屡教不改的员工
免除职务	因决策不当而给企业造成了重大损失的情况,或因管理不当而造成了企业内部混乱的情况	中高层领导
辞退	出现上述几种行为且情节较为严重	所有员工

惩罚的目的在于帮助员工改正其不正确的行为,而不是打压其士气。

因此，管理者在惩罚员工时一定要注意时间、场合和通知方式，以免伤害员工的自尊心，挫伤员工的积极性。

2. 有效的奖惩效果建立在最佳奖惩时机下

斯金纳通过鸽子实验提出了"及时强化"的观点，即通过某种形式和途径，及时将工作结果反馈给行动者，这种及时强化的行为会持续保持良好的工作效果。比如，如果对行动者的良好行为及时予以表扬，那么良好行为再次发生的可能性会大大增加；如果对良好行为的强化有所延迟，那么良好行为再次发生的概率将大大降低。依据斯金纳的这一理论，企业领导宜慎重考虑对员工奖惩的时效性问题。简单地说，要想取得最好的效果，应该在其行为发生后尽快采取恰当的强化动作。

实践证明，当一个人实施某种行为后，即使人们只是表示"我已注意到你这种行为"这样极为简单的反馈，也会对人们的行为产生正强化的作用；但是如果我们对这种行为不予关注，那么这种行为重复发生的可能性就会减少。所以，在员工奖惩激励方面，管理者必须把握好奖惩的时机。

（1）及时奖励

很多管理者认为："如果先承诺给员工一份奖励，但对这份奖励的给予时间尽可能延迟，这样可以使员工为了获得这份奖励而更加努力地投入到工作当中。"其实不然。

事实上，当一位员工在工作中表现得非常出色或者提出了有效的建议时，一定要及时予以肯定；如果管理者过后再去肯定他的行为，激励的作用会大打折扣。当"年中奖"改成了"年终奖"时，获奖员工的耐心和激情也在长长的日子里慢慢消失了。

及时奖励可以产生什么样的激励效果呢？具体如表 8-2 所示。

表8-2 及时奖励的激励效果

激励效果	具体说明
积极自勉	员工行为的好坏、优劣，往往可以通过自我评价和社会评价得出。在二者之中，后者尤为员工所重视，因为员工更愿意从社会评价中看到自己的形象，并以之自勉
形成积极的动力定型	当员工的良好行为被给予了及时奖励时，那么员工的心里会迅速产生积极的反应，且对自己的获奖记忆更为深刻。当这种奖励被重复多次后，将产生积极的动力定型，使这种良好行为习惯化，并逐步自主优化
调动企业集体的积极性	及时肯定员工的良好行为，还会为其他员工树立目标、方向，这种方式有利于调动企业全员的积极性，形成你追我赶的正向竞争状态

（2）即时惩罚

一些企业管理者在日常管理中为了避免"麻烦"，卖力地扮演着"好好先生"的角色，对员工的不良行为或危害性行为"睁一只眼闭一只眼"。在这里，我们必须提醒：不要奢望已经存在的问题会自动消失，如果管理者对员工的行为不够关注，那么员工也不会关注管理者的权威，同类不良行为甚至危害性行为必然会重复出现。因此，当员工出现不当行为后，做出即时批评和惩罚是十分必要的。一位员工如果态度不佳、行为失误，必须即时予以惩罚或批评，并让员工认识到自己的行为失误之处。

如果当时的情境（如有客户在场）不允许管理者立即做出反应，则应在事后及时创造条件，使员工回到与当时相似的情境中去，回顾自己当时的言行表现，意识到自己的行为错误之处，并明确要求他做出改正行为。

在企业管理中，管理者必须做到奖惩有机结合，最大限度地提高奖惩措施所能产生的积极效用，从而督促员工提升工作效率，提高企业的经营业绩。

3. 功过不可相抵，奖惩必须分明

唐太宗李世民在《贞观政要》中曾言："国家大事，不过赏罚而已。"

从古至今,奖惩分明都被视为一种极为重要的激励手段。然而在我们身边的很多企业中,将功抵过却成为一种较为通行的选择。比如,一些干部或员工犯了错误,本应该接受严厉的惩罚;但是,管理者总是习惯于念及对方曾经为企业做出过贡献,因而决定"放他一马"。但是这种仁慈之心放在企业管理中,会造成极大的杀伤力和破坏力。

因为,所谓"功能抵过",便意味着只要人们为企业做出过贡献,那么他便可以有恃无恐地做事,企业的制度约束对其而言是形同虚设的;这对那些努力遵守制度、为企业创造价值的人来说,更是一种极大的伤害。

所以,企业内部必须明确一个原则:对于为企业创造价值、做出贡献的行为,必然可以得到奖励,这样员工才能在嘉奖和自我实现中不断进步,并且持续为企业创造价值;而对于过错、失误行为,要给予惩罚,让员工承担责任、接受惩罚,这样员工才能恪守企业的规则,企业才能在健康规范中获得稳步发展。

针对员工的奖惩问题,任正非曾提出这样的观点:有三种员工必须奖励——为企业创造出可观价值的人、持续的奋斗者、经过错误的洗礼而重新回归奋斗者团队的人。同时,他也指明,有三种员工必须惩罚——不负责任的干部、不打粮食的干部、不能坚持奋斗并且不创造贡献的人。

《三国演义》中有个"诸葛亮挥泪斩马谡"的故事。在故事中,马谡是一个有勇有谋的猛将。在诸葛亮平定南中的过程中,马谡与诸葛亮不谋而合,定下攻心计,因而颇为诸葛亮赏识;在七擒孟获的过程中,马谡屡出奇谋,为诸葛亮提供了很多帮助。所以,诸葛亮决定北征时,将马谡提拔为安远将军,随大军北上。然而在街亭一战中,马谡却因恃才傲物、不听他人相劝而犯下大错,致使蜀军大败。事后,马谡负荆请罪,众将领也都为他求情。然而,为了公正治军、稳定蜀军人心,诸葛亮心痛地决定:依军法斩杀马谡。这一决定让蜀国失去了一员猛将,但自此之后,蜀军军纪更加严明，再无一人敢违背军令。

每个企业管理者都应建立"诸葛亮挥泪斩马谡"那样坚定的管理信念，不能被个人感情偏好左右。因为唯有管理者能够站在客观的立场上，实施科学的奖惩、有效的奖惩，才能在企业内部营造出一种良性的激励氛围，让人们向着企业期望的方向努力。

二、基于个体的差异化需求层次，设计最满意的激励方式

在实施激励时，对每个人所采取的激励方式都不应是千篇一律的，甚至对同一个人的不同发展阶段，也应选择不同的激励方式；否则很难使被激励者满意，激励效果自然也就大打折扣。

1. 根据马斯洛需求层次对员工进行激励

美国心理学家马斯洛在《人类动机的理论》一书中提出了需求层次理论。该理论认为人的需求是从低到高排列的，依次为：生理需求、安全需求、爱与归属的需求、尊重需求、自我实现需求。结合他的阐述，可将员工的需求分为五个层次，如表8-3所示。

表8-3　员工的需求层次

层次	实际需求
生理需求	员工对衣食住行等日常生活中基本保障的需求，最为基本
安全需求	员工对现在和未来的安全保证的需求，如人身安全、工作安全等

续表

层次	实际需求
社交需求	员工对与同事、上下级等间的人际关系，对团队的归属感及对企业的期望
尊重需求	员工对名誉、权利、地位等的需求，并希望被他人认可的需求
自我实现需求	员工对自己的理想抱负的实现的需求

企业管理者可以根据马斯洛的需求层次理论，设计不同类型的激励方案，使之得到更好的满足并创造更高的能效。需要注意的是，人们对这五个层次的需求是按照从低到高的顺序攀升的，管理者应当遵循这种心理需求顺序来不断地调整员工激励管理方案。

2. 用需求激发动力，让欲望带员工前行

要想激发员工动力，就要了解员工的需求，那么，是不是知道员工的需求之后，就要马上充分地满足他呢？

答案是否定的。"过度满足员工需求"等同于"让员工变得没有需求"。根据动机驱力理论，需求与行为之间存在着"需求—驱力—行为"的作用过程。这一理论具体是指，当人们的需要未能得到满足时，会在内心里形成所谓的"内驱力刺激"；而这种内驱力的刺激会引起人们的行为反应，而这些反应的最终目的是使个体需求得到满足。也就是说，如果"需求—驱力—行为"的第一环节消失，第二、第三环节也不会出现了。

有一位农夫赶着一头毛驴进城赶集，他嫌毛驴走得太慢，便不断用鞭子鞭打毛驴。农夫打一下，毛驴就跑几步；农夫一停手，毛驴的速度便又慢了下来。农夫觉得这样太费力，于是他想到一个办法：他拔了一把青草，绑在一根竹竿上，拴在毛驴的前面。毛驴想吃青草但又够不着，不得不一直拼命往前跑。就这样，农夫和毛驴很快进了城。

很多企业管理者深知这一激励原理："得不到的才是好的。"但是，如果管理者天天许诺满足员工的需求却从来不拿出实际行动，将"鲜肉""胡萝卜"放在员工眼前却让员工始终吃不着，那么，员工很快便会识破管理者的"诡计"，并对其失去信任。

有一种值得推荐的做法是，将员工的整体需求分成若干份，逐步满足。比如某位员工的期望工资是每月 10000 元，当下工资是每月 6000 元，那么管理者可以根据员工表现每月加几百元工资，表现得好时多加工资，表现得不好时就少加或不加工资。当然，员工表现得"好或不好"，要有公正合理的评判依据。

如果条件允许，可以让员工自行分割自己的需求。在具体操作时，企业管理者可以帮助员工制定一份详细的目标需求规划表。这样管理者给员工的每一次奖励都可以在员工面前清晰地呈现出来，从而让员工深刻感受到自己一步步接近目标的喜悦。

说到这里，有人可能还会问一个问题：即便是一点一点地满足员工的需求，那么到了最终全部完成的那一天，又该怎么办？

事实上，人的需求或者说欲望是没有止境的—— 一种欲望被满足之后，又会有新的欲望被发掘出来。如果员工自己发掘不了，那么管理者不妨帮助员工去探索下一阶段的需求。就像人们爬山一样，当人们到达了一个顶峰之后，还有更高的顶峰等着人们去攀登。而企业管理者所要做的就是，让员工知道除了这个顶峰，还有一个更高的顶峰，并一路指引他们向上攀登。

在企业管理实践中，管理者可以通过面对面交谈或调查问卷，或者让员工自己直接说出等各种方式，来了解员工的真实需求。另外，管理者还可以通过同行业对比的方法，来发掘人们的新需求，并设计新的激励管理方案。

3. 不同的工作从事者，需要不同的激励方法

对于在不同行业、不同岗位工作的员工，也需要采用不同的激励

方法。

(1) 重复性劳动者需要奖赏

与管理者的工作不同,很多员工的工作都属于事务性的,做起来似乎平淡无奇。这类工作因为重复性劳动,所以并不会刺激人大脑中的纹状体或者腹内侧前额叶分泌多巴胺。

比如,作为一位普通的银行职员,他们的工作是点钞票、打传票,或者开信用证,等等。对他们来说,这些工作属于重复性劳动,不需要太多运动或者耗费过多智力,所以并不会分泌多巴胺。但是,这并不意味着他们完全没有自己的工作意愿。事实上,当他们因为做好了这些看似"无聊"的工作而受到赞扬、获得更多经济收入的时候,他们大脑中的这些区域是会分泌多巴胺的。所以,他们会继续留下来工作,但不会对工作抱有极大的热情。

因此,对于从事这类工作的员工,管理者需要做的是将物质奖励和赞扬并重,来提高他们的工作热情。

(2) 创造性工作者需要挑战和突破

从事创造性工作的人,在每一个突破性阶段都可以让腹内侧前额叶分泌多巴胺。以作曲家为例,当他们发现了一个合适的旋律时,其大脑中就会分泌出多巴胺。因为这是一种创新、创造的过程,一旦突破界限,便会分泌多巴胺。而当作品最后彻底完成、获得认可和奖励时,多巴胺会再次分泌。

所以,对于从事创造性工作的员工,管理者只需要给他们合适的挑战空间以及突破挑战后的恰当奖赏,便能基本确保他们持续不断地自我突破和逐步提高,他们的工作意愿也不会轻易消减。

(3) 运动员需要竞争环境

此外,还有一种情况也很容易分泌多巴胺,那就是在竞争中战胜了别人。在体育竞技比赛中,球员们每进一个球、每得一分,其大脑中都会有少量多巴胺分泌；而在最终胜利时还会一次性地释放大量多巴胺。虽然这类运动有时是机械性的，但因为体育运动融入了竞技内容，因而可以大大激发人的兴趣和专注力。

以上方法虽然各不相同，但是其根本只有一个，那就是提升员工的工作愉快感和满足感。把握住这个根本原则，就不难找到提升每一位员工工作意愿的方法。

三、物质与精神、奖励与惩罚的有机结合，提升激励效能

员工的需要可概括为两种类别：其一，物质需要，包括生理需要和安全需要；其二，精神需要，包括爱与归属的需要、尊重需要和自我实现需要。与这两种类别相对应的激励方式则是物质激励和精神激励。

要让员工产生正向的行为动机，保持积极进取的工作状态，有四个问题必须考虑，分别是：奖励、惩罚、物质和精神。奖励和惩罚是激励员工的两大基本手段，这两种手段针对物质和精神两类需求维度。从这两个维度，综合性地应用规则、策略及变通方法等，就是奖惩活动设计的关键内容。

1. 物质、精神、奖励与惩罚的4种结合

图8-1界定了物质、精神、奖励与惩罚有机结合而成的4个区间。每一个区间都有不同的管理方法，其涉及的奖惩内容也各有不同，因而奖惩动作所创造的效用也是有所差异的。

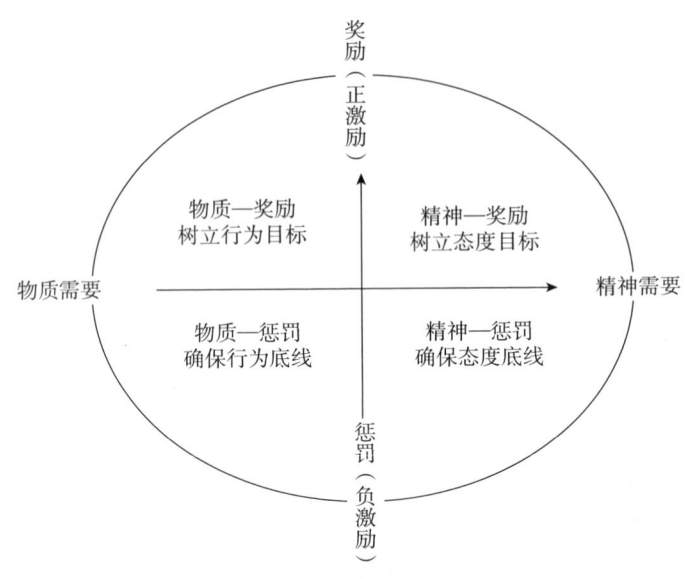

图8-1 奖惩效用管理模型图

下面针对图 8-1 中的四大区域分别加以说明。

（1）"物质—惩罚"：目的在于确保行为底线

一个强调人本管理的企业是否还会设计物质惩罚措施呢？会。物质惩罚在企业管理实践中的根本目的在于确保员工行为底线，确保企业的整体规则不被动摇。以物质惩罚为基础的管理手段有：扣罚奖金、要求赔偿、增加额外工作任务等。

我们可以这样设想：假如一个企业的员工的需求是更高的物质回报，但企业无法提供，那么员工的这一需求就可能朝着不利方向转化。而要控制这种转化不至于导向破坏性行为，就需要设置物质惩罚的底线，以确保人们的行为水平处于合理的、可控的范围内。

但物质惩罚是一种显性的惩罚手段，所以管理者必须把握一个基本原则，即员工的实际行为"明显"地破坏了企业的秩序或要求时方可使用；如果物质惩罚依据不明、含糊其词、界定不清，那么这一惩罚的合理性便会受到质疑。此外，物质惩罚手段很容易暴露出威权主义色彩，非必要时不建议采用。

（2）"物质—奖励"：目的在于树立行为目标

物质奖励与物质惩罚是相对应的，它要求管理者必须为员工积极的行为确定一个标准或者目标，并不断强化这个行为标准或目标，这是物质奖励的存在基础。

与物质惩罚一样，物质奖励也必须针对具体的行为，即它必须是奖励非常明确的行为成果或行为表现，任何隐晦不明或模糊不清的行为都不应该以物质奖励的方式被确定，以免造成企业成员在意识和行为上出现极大的混乱。

（3）"精神—惩罚"：目的在于确保态度底线

如果一个企业仅仅以物质作为奖惩的内容，这种做法是非常不可行的。与物质相对应的是精神，从精神层面予以奖惩是对人们的行为态度以深层影响。如口头批评、限制职业晋升、减少关注度、缩小其发展平台等，都属于精神惩罚。

从原则上讲，精神奖惩是针对员工的行为态度予以奖惩，目的在于维护和保证员工基本工作态度的积极性。比如，一位酒吧的管理者曾抱怨："服务生们每天做得最好的一个任务，就是每天把酒瓶盖整理得非常好。"为什么会出现这种情况呢？因为在他们的基本生活需要未被满足时，他们的最大需求是多赚钱，满足生存需要。而瓶盖是与个人奖励直接挂钩的物品，所以，他们每天都会把酒瓶盖认真整理到位。

从企业规则来看，员工采取这样的做法并没有错，所以管理者不能够以直接物质（金钱等直接利益）作为惩罚内容（明确规定的制度性责任例外）。但同时，员工的行为表现也没有多好。这就意味着，管理者应将对员工的奖惩设计与精神层面建立关联，比如，通过晋升资格考评、综合表现评价等方面，来对员工的工作态度加以要求。这样才能确保员工的基本态度底线。

（4）"精神—奖励"：目的在于树立态度目标

与精神惩罚相对应的是精神奖励，其目的在于树立和强化正向的态度标准和目标。其实施过程的原则与精神惩罚的规则类似，还是更侧重于对员工态度的提升，使之工作态度更为积极。口头表扬、更多的关心和帮助、提供更好的成长机会、给更多的休假等，都属于精神奖励的内容。

2. 坚持六大基本原则，提升奖惩效能

从上述这四种类型的激励方式出发，为了提高奖惩行为的效能，我们依据现今管理实践领域存在的主要问题，提炼了奖惩必须遵循的六大核心规则。

（1）物质奖惩的总原则是论迹不论心

无论是物质层面的奖励还是物质层面的惩罚，管理者必须遵循的第一个原则是"论迹不论心"。也就是说，只要人们在行为上创造了优秀的成果、呈现出正确的工作路径，那么不论这个人的真实想法或出发点如何，都必须给予与行为结果匹配的物质奖励。这样可以增强或引发员工的正确行为意识，确保组织的行为规则得到强化，而不是遭受破坏。

比如，如果一个人的工作态度并不积极热情，造成一些负面影响，但是他的最终行为表现是相对优秀的。在这种情况下，如果不给予其奖励，则会破坏团队成果管理的基础；但如果给予其精神奖励，则会使企业成员行为导致唯成果论状态，是不利于企业风气维护的。所以，作为企业管理者，正确的做法是对他的行为成果予以客观评估，按照公平的规则给予对应的物质奖励；而针对其消极心态，则可以采用隐性精神惩罚措施。

如果情况相反，一个人的态度很好，但工作成果不符合要求，则必须予以物质惩罚，同时兼顾精神奖励。否则，容易导致企业成员唯精神论，不利于企业成果建设。

（2）精神奖惩的总原则是论心不论迹

实施员工精神奖惩的基本原则是"论心不论迹"。比如，一位员工工作勤奋，但能力水平一般，所以他创造的工作成果相对差一些。这时，可以考虑从精神层面对其予以奖励，但在物质层面按照规则予以公正的惩罚（或者一般奖励）。

如果对工作态度较好的员工不予以奖励，那么很容易导致企业群体不关注工作态度。但如果对工作态度较好的员工同时给予物质奖励，则会破坏物质奖励的基本原则，导致企业群体朝着唯精神论的方向转化。

总体来看，物质奖惩与精神奖惩是双向强化的方式，各自承担着不同的功能，因而必须对其功能清晰地界定，根据其在行为与态度上的表现设计不同的奖惩措施。

（3）有奖无惩导致行为投机冒险

实施员工奖惩的第三个原则是：奖励与相对应的惩罚对接，避免员工为了获得奖励而产生投机意识和冒险意识，在行为上不择手段，没有底线。比如，一位业务人员为了获得更高额的奖励，采取了一些欺骗客户的伎俩，而不管这种欺骗行为是否会给企业带来声誉和经济上的损害。一旦这种情况出现，势必会严重破坏企业运作的规范性。人们有趋利避害的行为动机，如果对他们而言任何行为都百利无害，那么他们的行为就会自然而然地朝着趋利的方向发展，这种状态对企业的经营发展而言是危险的，甚至可能是致命的。

（4）有惩无奖导致士气低落、活力不足

实施员工奖惩的第四个原则是：惩罚与相对应的奖励对接。如果一个企业只有惩罚而没有奖励，那么这个企业的士气会日益低落，逐渐走向消沉。因为在这种企业环境下，员工努力的方向就是避免被惩罚。只要是有害的，甚至是可能有害的，员工就会自动规避，不敢承担责任。但企业要想持续发展,是需要有一些创造性活动的,且失败的可能性很大。如果员工没有承担责任的勇气,那么整个企业会因创造性动力不足而失去持续发展的力量。

(5)"有物质无精神"滋生重利氛围

实施员工奖惩的第五个原则是:有物质奖惩,就有对应的精神奖惩。如果只有物质奖惩,那么会导致企业员工一味地追求物质利益。在这种情况下,他们只会选择对自己有利的事情;对自己没有切实利益的事情会有所抗拒或直接拒绝。久而久之,企业内部会形成重利风气,人们容易因利益矛盾而使得企业内部出现冲突甚至解体。

(6)"有精神无物质"导致务虚高调

实施员工奖惩的第六个原则是:有精神奖惩,就有对应的物质奖惩。如果企业在奖惩方面只强调精神层面,那么便会陷入一种"唱高调"的务虚氛围,每一个人都着力强调自身行为的精神内涵,为自己的行为失误找出各种掩盖的理由。在这种情况下,人们只要态度好,表现出积极努力的状态即可,因为其行为结果并不会给自己带来物质上的变化;但是对于企业来说,客观上不良的行为会给企业造成一定的伤害。所以,奖惩之时也要关注物质对员工的影响。

总体来说,奖惩不是为奖而奖,也不是为惩为惩,任何一次奖惩活动都会衍生出更多、更复杂、更长远的影响,因而我们必须充分考虑每一次奖惩手段和方法的应用问题。

四、奖惩不随心，当以公平、公正的绩效考核为依据

管理者在实施奖惩措施时，切忌随心所欲，而应以公平、公正的绩效考核结果为依据。

1. 三个层面保证公平公正性

员工奖惩的公平公正性，应从三个层面来保障：奖惩依据、奖惩程度、奖惩结果。

（1）确保奖惩依据的公平公正

管理者在对企业成员实施奖励或惩罚时，要秉持"有据可依"的原则，依据员工的实际表现情况做出客观评价，不能太过随意，不能因外界因素或管理者的个人喜好等主观因素而随便制定奖惩措施。

有这样一个故事：据说，在南山坡住着一大群兔子，在兔子王的精心管理下，兔子们丰衣足食。但是有一天，兔子王发现：兔子们竟然不安心挖胡萝卜了。为了给兔子们一点激励，让它们努力工作，兔子王随手给一只小兔子奖励了一根胡萝卜。但让兔子王始料不及的是，没过一会儿就来了几只老兔子，找兔子王谈话，它们指出被奖励的小兔子有很多不良行为，并质问兔子王："这只小兔子凭什么得到奖励，而其他更优秀的兔子没有被奖励呢？"兔子王一时语塞，不知如何回答。

后来，兔子王发现，兔子们消极怠工的情况竟然日益严重。兔子们认为：兔子王发放的奖励完全是按照它自己的喜好和心情随意而来，所以大

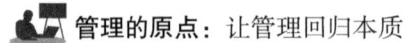

家没有必要努力工作,只要讨好兔子王就好了。

管理者应从这个寓言故事中吸取经验教训,即如果像兔子王那样随意给予奖励,那么不仅不能发挥预期的激励效果,还可能使员工产生投机心理。

(2)确保奖惩程度的公平公正

一些企业管理者对员工的不当行为,不忍予以责罚;还有一些管理者则对员工的不当行为,给予过度严厉的惩罚。无论哪种管理行为,都是不恰当的做法。

有一家工厂,厂长是个典型的"老好人"。对于员工的迟到早退,他一笑了之,不加惩罚;即便员工私自偷拿企业的物品,他也不加警告禁止。时间久了,员工们摸透了厂长的性格,大多产生了投机心理:曾经认真工作的员工,也开始在上班时间闲聊,甚至三五成群地打牌;曾经从不迟到早退的员工,也开始不按时上下班;曾经偷拿产品的员工,竟然在晚上值班时开铲车将公司的废弃零件运出企业,而与之对接的废品收购者等在厂外……待到厂长意识到员工问题的严重性时,他已经感到力不从心,不知从何管控了。

厂长对员工的一味纵容,使得员工的不良行为如雪球一般越滚越大,最终导致员工出现违法行为;而对这些员工的不予惩罚,使其他员工感到了不公平不公正,也开始以身试法,企业管理局面逐渐陷入失控状态。

企业管理者必须重视奖惩程序,严格依照程序予以奖惩,既不过度奖励,也不姑息不惩,以免员工产生消极心态造成负面效果。

(3)确保奖惩结果的公平公正

要让员工心服口服,认识到"自己确实应该受到奖励或惩罚"。这样,在实施奖励与惩罚之后，才会达到激励员工的目的。因此，管理者在实施奖励或惩罚之前要与员工进行必要的沟通，双方就奖惩结果的认识达成一致。

一名员工因为一周内迟到次数超过3次而被扣除了全勤奖金，该员工对这一惩罚结果非常不满。他认为："我只是迟到了3次而已，这有什么关系呢？我又没有影响工作！"而行政考勤专职人员也并未针对公司的考勤制度与惩罚结果做出针对性的解释。如此一来，这位员工的不满情绪郁积于心，工作越来越不认真，执行工作任务时更是拖延严重。

为什么明明是合理的赏罚措施，最后却未能收到理想的奖惩效果，而使得员工心生怨气呢？其实，在这种情况下，行政考勤人员和对应的管理者都应扮演好自己的角色，耐心地向员工解释他受到惩罚的原因。在工作中，员工受到一些惩罚是正常的，关键在于企业管理者是否以平等、坦然的心去对待所有员工，关注员工所思所想，不忽视他们的感受。

2.通过环评模式，确保绩效考评的客观性、准确性

为了确保三个层面的公平公正，企业必须建立科学系统的绩效考评体系，以公平公正之心实施科学的绩效考评，并针对绩效考评结果和奖惩结果与员工沟通，使之明确奖惩的目的与对自己的影响。

绩效考评可以采用环评模式，即由多人进行评比，防止出现"一人独断专行"的情况，同时实现多人之间的相互监督。在进行环评时，应注意明确相关责任人的责任及每个人评分所占的权重。

（1）挑选考评人员

考评人员数量应不少于两名，其中一名必须是被考评成员的直属管理者。因为直属管理者对被考评成员的工作情况和工作态度最为了解，可确保评估内容的准确性；而且督导与评估下属员工的工作也是其重要职责

之一。

其他考评人员必须具有诚实、正直、有责任心等品质,以保证考评的客观性;同时,考评人员应具有丰富的工作经验,以避免考评结果不准确。

此外,被考评人员本人也可以参加考评过程,但应限于可量化的任务(如关于产品生产任务),避免被考评人员过度主观而给自己打分过高。

(2)赋予评分权重

每一位参与考评的人员所拥有的评分权重是存在差异的。每一位考评人员的评分权重不宜超过50%。评分比例说明表如表8-4所示。

表8-4 评分比例说明表

评分比例 评分人	重要业务指标比例	日常工作指标比例	工作态度指标比例
直属管理者	40%	30%	30%
同级同事	30%~50%	30%~60%	30%~60%
其他人员	10%~30%	10%~40%	10%~40%

表8-4只作为参考,管理者也可以根据实际情况采用其他评分比例。参与考评的人员数量不同,各自匹配的评分比例也是不同的。管理者对评分比例必须做好平衡,以规避因某一方偏颇而导致考评结果有失公允。

(3)科学考评

在进行多人考评时,管理者应轮流传阅被考评人员的资料。而且每个参与考评的人员手中的考核表具有相同的内容。考评结束后,计算每一位被考评人员的最终得分。

3. 有效反馈沟通,降低不公平不公正因素可能带来的负面效应

由于绩效考评结果与被考评人员的利益息息相关,而考评指标的局限性和考评人员的主观能动性又关乎考评结果,因而考评结果的公平公正性

是人们关注的焦点。为了避免不必要的矛盾，管理者应及时反馈，让被考评人员拥有知情权和发言权，这本身也是一种公平的体现；而通过有效的反馈与沟通，则可以消除被考评人员对考评结果的质疑，或改正绩效考评中的失误，有效降低考评过程中不公正因素带来的负面效应。那么，如何进行有效的交流反馈呢？

（1）先倾听被考评人员的意见

在与被考评人员进行交流时，先由其就绩效考评结果发表个人意见。如果管理者在交流之初就解释绩效考评结果较差的原因，那么往往让被考评人员认为管理者"心虚"，被考评人员会疑心重重。而如果让被考评人员主动发表自己的意见，管理者就可以就事论事、针对被考评人员所言来解决问题，避免言多有失的被动局面。

管理者在与被考评人员进行绩效沟通时，也可遵循20/80法则：将80%的表达时间留给员工，20%的表达时间留给自己。其实，被考评人员往往比管理者更清楚自己在本职工作中存在的问题。

（2）有理有据地说服

管理者在针对考评结果作出解释时，应做到有理有据。如果被考评人员不明白管理者的考评依据，那么其自然认为绩效考评结果是不可信的。因此，在进行绩效考评结果反馈前，尤其是与低绩效的被考评人员进行沟通前，一定要掌握能够支持绩效考评结果的论据，并以全面的事实为基础，准备一套恰当的沟通措辞。

（3）在沟通中加入技巧

奥夫史屈教授在《影响人类的行为》一书中写道："'是'是人类最不容易突破的障碍，而当一个人说'不'时，他所有的人格尊严，都要求他坚持到底。"绩效考评结果关乎被考评人员的切身利益，因此其往往会为自己提出各种反驳理由，否定低分值的考评结果。所以，管理者必须采用一些沟通技巧，以使被考评人员客观看待自己的绩效考评结果。

①引导员工说"是"。如果在被考评人员说"不"——对考评结果明确表示不认同之后,再说服被考评人员,那么要劝说其改变认识是非常困难的。因此,管理者从一开始就不要给被考评人员说"不"、表示拒绝的机会。

这并不是说要剥夺被考评人员反驳、自我陈述的权利,而是要求管理者更多地站在员工的立场去考虑问题,让自己的表述让被考评人员发自内心地乐于接受;然后逐步引导被考评人员接受自己的想法,最终使双方就绩效考评结果、低考评分值的原因等方面的认知达成一致。

②使用"夹心饼"反馈法。如果考评分值较低并可能带来一定的惩罚,被考评人员会在一定程度上有所不满或情绪低落。这时,管理者应肯定被考评人员创造的成绩,对其做出的贡献表示感谢,这会使之感到被认可,而不是一味沉浸在失落或愤怒的情绪中;随后,再向其指出在本次绩效考评过程中发现的问题,与之分析问题发生的原因;最后,向其表示关心,提出帮助他提升绩效的建议,并真诚地表达自己对他的殷殷期望。

这里提供的两种方法,仅供管理者在实践中进行参考。管理者应认识到,奖惩仅仅是激励的一种手段,而非全部。在激励员工时,更重要的是关注员工所思所想和真正需求,而后再针对性地选择恰当的奖惩技巧——这种基于人性、关爱人心的激励模式,能取得更好的激励效果。

第九章
培养员工创造力,打造企业升级的原动力

在这个物质极大丰富、生产能力普遍过剩的市场环境里,企业之间的一个重要比拼方面就是创造力。一个企业的创造力水平往往决定着它能否活下去以及能够走多远。而一个企业的创造力本质上是源于员工的创造力。创造力是指人们萌生新思想、发现以及创造新事物的一种能力。但在企业管理现实中,并非每一位员工都会呈现出对应的创造力特征——比如提出创意并实现创新行为,这就需要企业有意识地培养员工创造力,进而为企业打造出实现自身升级的原动力。

一、勇于颠覆，敢于创造，企业才能走向未来

一个能够走向未来的企业，必然拥有一群勇于颠覆、敢于创造的员工。但事实上，目前绝大多数企业的员工缺少创造的勇气。最常见的一种现象就是：员工提出建议，而后被上级出于某些原因直接否决；员工犯错后，不敢再去尝试颠覆或创造……当企业呈现这样的状态时，其活性因子必然日趋匮乏，人们怯于谈创造、创新、颠覆，更遑论未来发展。

那么，如何解决上述两大类问题呢？研究发现，员工的建议被上级否决，部分原因是员工的能力不足、管理者不甚信任；员工犯错后出现习得性无助行为，通常是源于对自身的否定以及外部环境对失误的不允许等因素。因此，要想解决问题，也应从这些方面入手。

1. 培养员工的创造力，并给予足够的信任

如果一个人对某个领域连基本知识都不具备，那么他是不可能产生创造力的。员工必须具备足够的工作能力和创新思维能力，这是其展现创造力的基础；但是这些能力并非与生俱来的，甚至在进入企业之初员工并不具备。这就需要管理者有意识地通过各种途径，来培养和持续提升员工的工作能力，特别是其创造性思维能力，这样员工才有可能为企业去发挥创造力。

这类的方法很多。比如，以启发诱导的方式与员工交谈，有节奏地引导员工优化完善思维模式，从而让员工更具有独到的见解；给员工安排更具有挑战性的任务计划，以使之克服独自面对任务时产生的畏惧情绪，从

而最大限度地发掘他们的潜力，推动他们的自主成长；如果员工在执行任务的过程中遇到困难，则尽可能鼓励他们自行解决，引导其探索出更新颖的、更圆满的解决办法。

同时，管理者也要对员工抱持信任的态度。唯有管理者充满信任地授权员工去落实某项创新或创意，员工才有机会去试水——尝试让自己的创意转化为现实。而且在落实创新或创意的过程中，每一位员工都渴望得到上级的充分信任，并被赋予更多的权力，以确保创新或创意的有效实现。而且来自管理者的信任，也会激发员工的强烈动机，让他们全力以赴地落实自己的创新或创意，并敢于对最终践行结果承担责任。

2. 包容员工的第一次失误，助其追根溯源

当然，在进行某项创造创新行为时，由于模式、技术等方面的不甚娴熟，员工难免会造成一些差错。发生这种情况时，如果情况未严重危及企业的整体运营状况，那么管理者宜抱持包容之心，特别是员工第一次犯错时。通过这种方式，让员工承担一定的责任，同时为他们制造更多锻炼自己的机会，这会在更大程度上激发员工创造创新的勇气和决心。

宏碁集团创始人施振荣曾说："要包容员工的过错，并将此视为员工成长必须付出的代价。只要他犯的是无心之过，只要他最终能得到的收获多过他的'学费'，你就不要吝惜为他缴学费。如果你插手，就会让他失去机会和舞台，还怎么能成长呢？"

3M公司前总裁杜雷尔曾言："3M是一个始自'错误'的公司。我们始终认为，发展新事业时出现错误是不可避免的。"3M的创新理念总结为3个M：Mistake（错误），Magnanimity（宽容），Managed-risk（风险管理），这3个词实际上都是与"错误"有关的。不过，虽然3M公司允许员工犯错误，愿意为员工的犯错去买单，但3M对于这些可以被原谅甚至鼓励的错误，是有着明确的标准和定义的。杜雷尔的话还有下半句，他说："但

我们必须强调的是，这个失败必须是史无前例的。3M允许任何一个'第一次的失败'。"

要想促进员工的创造力，只有对错误的包容是不够的。管理者还应与员工一起直面错误，找出他犯错的原因，全力帮助他纠正问题，避免犯同样的错误。同时，也要鼓励他有敢于承担责任的勇气。这样不仅能激发员工加倍努力的愿望，还能让他们积极参与到下一次具有创造性、颠覆性的工作之中。

二、建构激发创造力的环境，呈现自主创新行为

如果员工看到其他人在主动提出某些创新创意，而后自己也会思考关于"什么是创造创新"之类的问题，并尝试呈现个体的创新创意，这是一种略为被动的创造力激发环境，也是员工创造力管理的初级阶段。而当员工从内心里认同自己的创造力与行为效果时，他就开始主动观察，持续思考如何展现创新创意，这时企业进入了员工创造力管理的中级阶段。而当员工非常享受创新过程带来的心理体验并形成创新的习惯时，企业即进入了员工创造力管理的高级阶段。

直接进入高级阶段的人相对不多；对大多数人来说，都是依循这三个阶段进行的。而对于企业来说，要重点把握两件事：一是建构激发创造力的环境，二是引导人们去享受自己在创造过程中的"心流"体验。

1. 营造团队创新的氛围，打造具有创造力的团队

在一个具有创造力的团队中，员工有参与创新的自由，甚至可以给自己安排新工作，坚持选择那些自认为正确的、有价值的创新。

3M 公司非常鼓励团队创新，远甚于个人创新。2006 年，3M（中国）产品实验室经理熊海锟与 28 个团队成员一起站在高高的领奖台上，接过 3M 全球的团队创新荣誉"2006 年度金靴奖"。他坦言，领取这个奖项时的喜悦和激动之心，远远超出自己在 2001 年获得 3M 全球"技术卓越创新奖"之时——即使后者代表的是个人技术水平的最高荣誉。

3M 团队成员达成了一个共识：团队创新高于个人创新，因为团队贡献大于个人贡献。以熊海锟为首的"DYNASTY 工业胶带产品本土化"项目团队实现了产品的本土化创新，年销售收入突破 1000 万美元，达到了"金靴奖"标准。

3M（中国）公司研发经理刘尧奇说："我们的团队式创新可以分为市场导向型创新团队和技术导向型创新团队这两种。DYNASTY 是我们第一个拿到金靴奖的团队，也是市场导向型创新团队的杰出代表。"

那么，为什么 3M 能让员工全心投入创新，而其创新结果又能够对企业有利有益呢？这就源于 3M 公司创新团队的构建方式。

（1）从招聘开始构建创新团队

3M 公司在招聘员工时，便以招聘具有潜力的创新者为标准。这些员工的身上都具有一些共同的气质，包括：不满现状、积极创新、敢于颠覆、不怕挫折。而更重要的是，3M 公司不仅仅把一些聪明的创意予以激发与集合，更会积极地参与到这些创意的开发与践行过程中。

（2）平衡规范与激励

3M 管理者不会干涉员工的创新行为，会保持善意的视而不见，能够

容忍研究人员坚持那些看起来不切实际的创意，让他们随心所欲地研究自己认为对的、有价值的事情。公司即使当时无法理解，也会尊重他们的选择。同时，企业管理者也不会放任员工出现错误行为而不予帮助，而是恰到好处地介入员工的创新活动。

（3）施加细微而持久的影响力

在做出创新之初，3M公司并不是根据市场规模来选择创新构想，而是发掘创新在前景未明时的不确定性。3M公司内部有很多非常实用的创新原则，如"制造一点，销售一点""采取小小的步骤"。他们以类似"实验心态"去尝试创新起点，摸索创新的践行可能性，确保所有可能成功的创新计划都能得到必要的支持，并预判创新可能带来的价值收益。

引用3M前总裁卡尔顿的话来说就是："每一个构想都应该有机会证明它的价值。这样做有两个理由：第一，如果构想很好，我们将会需要它；第二，如果构想不好，我们证明了它不切实际，就等于买了保险，也求得心里平安。"唯有管理者具有如此开放的心态，才能创造一个不错过任何"意外"的环境。而恰恰是因3M公司从无数次失败中获得了足够多的经验，并确立了支持创造偶然性发现的制度，才打造了一个全员创新的完美团队。

2.激发争强好胜的天性，鼓励员工展开创新竞赛

人们被称赞"极具创意""很有创造力"时会满心欢喜，这主要是因为人们容易受自尊心的驱使，以及争强好胜的天性。

法国心理学家特里普利特在无意中发现一个现象：在骑自行车比赛中，多人同时参加骑行比赛所取得的成绩，往往要比一个人单独骑行时所取得的比赛成绩更优秀。受到这一现象的启发，他组织了一次实验：他挑选了一些学生作为实验对象。实验过程中，他先要求一个学生以最快的速度缠绕一捆钓鱼线，并记录其完成的时长。然后，他要求这个学生和其他

学生一起绕同样长度的钓鱼线，同样记录完成时长。结果发现，这个学生在与其他人一起绕线时更有效率，所需的时间要比他单独绕线时需要的时间少得多。

实际上，每一个人都有一定的惰性。当自己一个人的时候，人们并不会过多地计较优劣或输赢。而一旦出现第二个人、第三个人乃至更多人的时候，人们的内心感受会大不相同。于是，人们争强好胜的天性会不自觉地被激发出来，结果竞争成了一种必然的行为。而在竞争中，人们为了显示自己胜过对手，会更大限度地发挥个人的潜力。

所以，若想激发员工的创造力，管理者应在企业内部形成"创造创新"的氛围——所有人都在思考关于创造创新的问题，那么群体中的个体身处这样的氛围影响下也会思考这个问题。因为每个人都担心自己因怠于创造创新而被淘汰，而不得不努力。

基于这种心理，管理者可以采取两种小技巧，激励人们努力地呈现自己的创造力。

（1）对在创新创意方面取得成功的员工予以赞扬

比如，尽可能多地在公开场合中，尤其是创造力超强者的对手面前，赞扬员工的创造力；或者当着那些创造力有望提升的员工，赞扬那些平时与之关系不甚融洽的员工。

（2）对创新创意不力的员工私下鼓励。

若想让这种关于创造力的竞争持续下去，那么对失败者予以恰当的鼓励也是非常必要的。因为如果只是简单地给创新创意成功者以赞赏，那么失败者可能会在失败中自暴自弃，丧失参与创造力竞争的意愿。

所以，在每一个阶段的竞争结束的时候，管理者除了要为成功者兑现事先承诺的奖赏之外，还要给予失败者以恰当的鼓励和期望。如此，失败者才会积极地去寻找失败的原因，纠正问题，而后重新带着自信进入下一轮挑战。而在这场持久的创造力竞争大赛中,整个企业的整体创造力水平也会随之逐步提高。

三、一切皆有优化空间,关键在于人的创造性思考

任何一个企业的管理与发展都存在进一步优化的空间。而企业之所以能够得到持续优化与发展,主要源自人们的创造性思考。

1. 选择可实现的创新类型,人人皆可创新

熊彼特在其《经济发展理论》一书中认为,创新包括五种情况:采取一种新产品、采用一种新生产方式、取得原材料的一个新供应来源、开辟一个新市场、运用一种新组织形式等。熊彼特所列举的这五种创新情况,对应着企业创新的五种类型:产品创新、技术创新、资源配置创新、业务创新、组织创新等。

如果依据"创新的程度",我们可以将创新归为两种不同的性质,其中一种是原创型创新,另一种是应用型创新。原创型创新通常与发明创造紧密联系,比如研发一种新型材料。而应用型创新是指改进已经有的技术或方法,而后创造出一种新的安全技术或方法。因人们自身的知识技能水平存在一定的局限性,人们更容易在应用型创新领域展开自主创新。

在实践中,创新创意可以在多个领域发生,表现出多种多样的类型与形式。而且创新创意并非某些特殊人员才能进行的,事实上每个人都可以进行创新——只要他有创新的意识,总是可以找出某种途径或方法去提出

安全创新的思路或方法。

2. 两种常用的创造性思考模式

对于思考的基本模式，可以从两个角度来培养创造性思考能力：一是跳出自己的思维定式，从不同的角度切入探索新的方案或模式，这种模式叫作多元型思考模式；二是从一个崭新的角度切入，颠覆民众的普遍认知，这种模式叫作颠覆型思考模式。

（1）多元型思考模式

多元型思考模式，就是针对每件事情或每个问题，都不将思维局限于一个答案上；而是从多个角度展开思考，设计多个解决方案，为解决问题提供更多的可能。

事实上，绝大多数创新创意都是缘于人们从不同思维角度做出的改变。如果对于任何事情都能从不同角度、不同位置、不同群体等方面去思考，那么人们往往会有一些意想不到的发现。因为视角的选择在一定程度上决定了创造力的高低。其中，反向思维便是其中一个特例。

以开发产品为例，可以把自己设想为服务终端，对客户使用产品的每一个环节都考察一遍，确认自己是否可以做出与众不同之处；还可以把自己设想为竞争对手，考虑他们的产品、产品特质以及为什么这样设计，而后反向思考：为什么不设计一种相反的产品……通过这样的思考过程，便可能设计一个新的创意。

（2）颠覆型思考模式

常规型思考往往是由于大众性和习惯性使然，久而久之，人们养成了一种大众化的、根深蒂固的思维定式和行为方式，给自己造成了思维禁锢和行为固化。具体表现为：人们总是习惯于用经验和普遍思维去思考。而颠覆型思考的核心则在于突破常规的思维定式和行为方式，如此才会有出奇制胜的创新效果。

比如，在汽车没有出现之前，人们只想要一匹更快的马，当时人们的思维认知停留于最好的代步工具就是马的模式中，这是一种常规型思考。后来，有人进行了颠覆型思考——明确了人们对交通工具的本质要求，于是发明了汽车，而非训练更快的马匹，这就是一种颠覆型思考。

具体而言，颠覆型思考表现为：第一性思考、极端化思考、思想移植、预测未来等方法。

①第一性思考。埃隆·马斯克曾开发了若干极富颠覆性的产品：PayPal（著名互联网支付公司，2002年以15亿美元的价格被eBay收购）、Tesla Motors（纯电动汽车公司，目前市值超过200亿美元）、Space-X（私人航空科技公司，成功发射可回收重复利用的火箭）、Hyperloop（超级高铁设想，时速高达1287公里，是目前国内高铁速度的4倍之多）……他的成功基于第一性原理的思考。对此，他解释道："打破一切知识的樊篱，回归到事物本源去思考基础性的问题，在不参照经验或其他的情况下，从物质/世界的最本源出发思考事物/系统。"

②极端化思考。这种思考模式是从极端角度切入的思考模式，比如人们可以这样思考：理想状态会如何，在极端条件（极小、极大、极多、极少时）下会怎样，特殊人群可能有哪些需要，如果被无限夸大或缩小后又会如何，如果人们故意犯错会怎样，等等。这样人们的思考会被拓展，进而形成一种新创意。

③思想移植，也称"思维交叉"。这种思考方法是将其他领域的思想方法，运用到自己当下专注的领域，或者将自己的思想方法拓展到其他领域。在具体实践中可以这样做：一有想法就马上记录下来，想一想这个想法是否能够被拓展到更广的领域；考虑这种想法的实用性，比如，是否可以用到日常生活或生物学研究中去，是否可以申请专利、开发产品或工业化大生产。当人们能够这样思考时，还会自然而然地展开延伸性思考，让思维越来越活跃，让创意更具有可实现性。

④预测未来。可以大胆畅想：在20年或50年后，人们可能会采用什

么样的方式去生活和工作，然后把畅想聚焦到一个具体领域，再加以细化。这样这些预测结果就可以成为创意的来源。

四、享受"心流"体验，致力于终身创造，推动持续成长

培养员工的创造力并非一日之功。想要获得创造力，必须从员工个体对"创造"的认同态度开始。从具体实践角度来说，唯有员工自身对创造过程形成了一定的"心流"体验，乐于献身于工作；而且能够长期致力于创造行为，甚至向终身创造努力，这样才能推动员工个体与企业的持续成长，使企业在激烈的市场竞争中脱颖而出。

1. 引导员工享受创造过程中的"心流"体验

富有创造力的人有一个相同点：他们都非常喜欢自己做的事情，驱动他们去行动的力量不是名利双收的欲望，而是有机会去做自己喜欢做的事情。在他们的认知里，热爱工作本身甚于工作产生的附属品；无论最终取得怎样的结果，他们都乐于为自己的工作献身。

而他们之所以能够极富创造力地参与这些工作或活动，是因为他们在参与这些活动时感受到的体验。根据美国心理学家米哈里·西斯赞特米哈伊的研究，人们在放松、喝酒或享受财富时不会产生这种感觉。相反，人们认为在涉及费力、有风险且困难的活动中自己的能力会得到扩展，其中包含新奇与发现的要素。他将这种理想的体验称为"心流"。毫无疑问，如果人们在从事创造性事务时产生"心流"体验，那么他们会开始享受创造创意行为，其创造力会在此过程中持续地被激励并提升。

(1)"心流"体验的特征

1961年,米哈里·西斯赞特米哈伊在研究画家工作过程时,注意到一件奇怪的事情:画家在作画过程中,如果作品画得越来越好,他好像感受不到劳累和饥渴,只顾一直画。但画完时,画家们也只是开心一小会儿,而后很快对这幅画失去了兴趣,作画时的那种"幸福感"迅速消失。

米哈里·西斯赞特米哈伊把这一特殊的"幸福感"状态称为"心流(flow)"。他将"心流"定义为:一种将个人精神力完全投放在某种活动上的感觉,"心流"产生时人们会伴随着极强的兴奋感和充实感。

简单来说,"心流"就是人们形容创意表现巅峰时段那种水到渠成的感觉,比如文学家的"文如泉涌",策划师的"创意大爆发"。当"心流"发生时,人们必然投注了全部精力,心无旁骛,其意念与行动实现了协调统一。此时,人们往往不愿被打扰,不愿意自己的状态被打断,会因为全力以赴忙于手中的事情而彻底忘记了自己。

他认为,能够使"心流"发生的活动有如下特征:

①这些活动是人们自己做出的选择;

②这些活动本身并不缺乏挑战性,但也不会让人们觉得难度太大;

③这些活动要求人们保持注意力的高度集中;

④人们在这些活动中具有清晰的行为目标;

⑤人们在从事这些活动时能获得一种主控感;

⑥人们在这些活动中能够迅速得到反馈;

⑦人们可以通过不断练习来克服在这些活动中可能遇到的各种障碍。

对于以上特征,即便不是同时全部存在,也能使人们产生"心流"体验。

(2)游戏中的"心流"体验

但是,即便如此,要使人们真正达到"心流"的巅峰状态也并非易事。其实,人们的日常生活中是缺乏"心流"体验的,反而是在游戏中随处可见"心流"体验状态。

如果我们仔细分析会发现，游戏满足了人们进入"心流"巅峰状态所需的各类条件。除了具有目标、规则、自愿参与等特征外，游戏还通过级别、游戏得分、进度状态等形式告诉玩家他与终极目标之间的距离。即使游戏失败，人们的脑子里仍然留存着一种想要再次攀上巅峰的冲动。最终，玩家将再次在自己的能力极限下进入投入状态，体验一种高度紧张但又非常幸福愉悦的感觉，这就是"心流"状态。

（3）打造一套以创新创意事务为导向的"玩家升级系统"

我们也可以将这一发现与理论延伸至企业创造力管理中去，使员工在工作中形成"心流"体验，乐享创新创意工作过程，最大限度地发挥其创造力。

例如，企业可以成立一个解决问题项目组，由总经理或其他具影响力的高管负责领导该项目。项目组内成员在管理者的引导下，利用头脑风暴法找出企业在现阶段中亟须解决的问题，并且设定解决该问题的时间期限，以之作为本次"游戏"的目标。然后，在管理者的带领下，制定目标、计划、进度表等，完全按照项目管理的基本模式来运作。每次达到一个进度节点，便让员工获得一次"反馈"，这样可以让每个项目组成员产生成就感，且确保人们的行动方向不会偏离最终目标。当这个项目顺利完成的时候，所有项目组成员均可得到预期的回报（物质奖励和精神奖励并存）。在这样的活动过程中，人们很容易进入"心流"状态。

从企业管理角度来说，不妨将制度规则、工作流程、工作内容融入一套以事务创新创意为导向的"升级系统"，鼓励员工们发挥自己的创造力，更富有创意地完成自己所负责的工作事务，以此获得经验值，实现个人升级。同时，鼓励不同角色的员工自由组建不同的团队，去推进创新创意难度更大的任务，并获得额外的奖励。如此一来，员工们更容易进入"心流"模式，激情工作，乐在其中。此外，诸如制定任务目标、编写工作日志、定期开展部门分享会等，也可以成为引导员工"心流"体验的形式，促进员工总结与学习创新思维模式，并逐步提升自己的创造力。

2. 培养终身创造的能力，推动个体与企业的持续进步

未来已来，变革与进步势不可当，而迎接一切的核心能力是创造能力。对于每个人来说，只有具备终身创造的意识，并致力于终身创造行为，才能推动个体及其所处的企业或群体持续进步。而对于企业来说，培养人们的终身创造意识与习惯，则应被置于要事之列。那么，如何养成终身创造的习惯呢？

斯科特·科克伦提出了一种"时光机体验"的方法，来长时间调动企业成员的积极性，使他们保持创造力和颠覆性思维习惯。这种时光机体验方法要经过以下四个阶段：准备阶段、驶向未来阶段、回顾过去阶段、回到现实阶段。

（1）准备阶段

在准备阶段，首先要求人们抛弃一切恐惧以及对未来的消极预测，停止思考概率性事件（比如"未来会发生什么"），放弃局限性观念和无益情绪；转而思考可能性（"可以发生些什么"），关注哪些环节会顺利进行。

（2）驶向未来阶段

这个阶段，每个人要想象着自己进入了时光机，并乘着它驶向一个大家协商好的未来时间段（未来的三到五年）。接着想象：如果企业运转良好，那么在未来场景中企业应该是什么样——要大胆而精细化地描绘未来场景。参与时光机体验的每个人都要一起探索，由于每个人提出的问题都不同，所以会有各种各样的解决方法。这就是未来。

（3）回顾过去阶段

在斯科特·科克伦的理论中，每个人在此阶段要回到"想象中的过去"，回答："为了达成这一理想结果，我们做了什么？"每个人都可以基

于自己所处的位置来回答这一问题。此时，人们可以选择多种方式，比如讲故事、艺术化绘制、情景表演等形式，制定出五项最重要的措施（数量可根据具体情况变化）。这个环节是人们发挥智慧与创意的过程，每个人包括企业都会在这个环节受益。

（4）回到现实阶段

有了这些措施之后，即可回到现实，即"现在的自己可以做什么，使企业走向想象中的未来"？人们需要确保所制定的实现策略是切实可行的，实施周期通常是 12~18 个月。

时光机体验模式可以结合多种培养创造力的方法，促使每个人思考无限的可能，而不是专注于当下局限性所带来的恐惧。如果这一模式进展顺利，每个人都能在体验当中想好企业几年或几十年之后会发展到什么程度，自己在未来会做些什么，然后将自己期望的一个个故事创造出来。这会促使人们爱上创造，并持续面向未来，养成终身创造的习惯，让未来成为现实。

企业只有面向未来去培养创造能力，才能避免满足于一次创造创新带来的胜利果实，才能发展出深层次的创新能力；企业才会具备通过持续不断的成功创新而实现集体持续发展的能力。

后 记

闻悉本书即将出版，不胜感慨。这本书从最初的调查研究到中途的设计与写作，以及随后的出版审阅等，都是一个艰辛的过程，也是一个自我学习的过程。之所以是自我学习的过程，是因为在过去的一段时间里，围绕这本书的研究与写作，我获得了各种各样的帮助，这些帮助包括心智上的点拨、具体写作过程的指导和资料收集论证上的协助。

这本书的创作融入了团队的智慧。在此，对以上人员表示衷心的谢意！

宋政隆

参考资料

[1]〔加〕彼得·詹森，王露瑶译.激励核能.北京：中国友谊出版公司，2018.

[2]〔美〕詹姆斯·M.库泽斯、巴里·Z.波斯纳，王莉译.激励人心.北京：电子工业出版社，2019.

[3]〔美〕克莉斯蒂·海吉斯，朱光晨译.不懂激励，你怎么带团队.北京：北京联合出版公司，2019.

[4]〔美〕大卫·哈德，田金美、周斌译.正向激励.北京：中国友谊出版公司，2018.

[5]陈春花、乐国林、曹洲涛.中国领先企业管理思想研究.北京：机械工业出版社，2016.

[6]黄钰茗.奖惩命门.北京：中国电力出版社，2011.

[7]齐忠玉.超级主管必备心理工具箱.北京：电子工业出版社，2010.

[8]曾仕强.中国式管理.北京：北京联合出版公司，2015.

[9]孙正元.管人就是管心理.北京：电子工业出版社，2013.

[10]〔美〕米哈里·契克森米哈赖，张定绮译.心流.北京：中信出版社，2017.

[11]〔美〕斯科特·科克伦，杨莹译.终身创造力.南京：江苏凤凰文艺出版社，2019.